国家社科基金“抗日战争研究工程”专项“基于微观史学的‘南京大屠杀’研究”子课题“南京大屠杀300户受害家庭研究”（16KZD016）

南京大屠杀
幸存者

常志强的生活史

常小梅 著

外文出版社
FOREIGN LANGUAGES PRESS

图书在版编目（CIP）数据

南京大屠杀幸存者常志强的生活史 / 常小梅著
.——北京：外文出版社，2019.11
ISBN 978-7-119-12288-5

Ⅰ．①南… Ⅱ．①常… Ⅲ．①南京大屠杀—史料
Ⅳ．①K265.606

中国版本图书馆 CIP 数据核字（2019）第 266384 号

出版指导：徐　步
责任编辑：曹晓娟
内文设计：北京杰瑞腾达科技发展有限公司
封面设计：吕立梅
封面插画：张玉彪
印刷监制：章云天

南京大屠杀幸存者常志强的生活史

常小梅　著

© 2020 外文出版社有限责任公司
出 版 人：徐　步
出版发行：外文出版社有限责任公司
地　　址：中国北京西城区百万庄大街 24 号　　**邮政编码**：100037
网　　址：http://www.flp.com.cn　　**电子邮箱**：flp@cipg.org.cn
电　　话：008610-68320579（总编室）　　008610-68996064（编辑部）
008610-68995852（发行部）　　008610-68996183（投稿电话）

印　　刷：北京飞达印刷有限公司
经　　销：新华书店 / 外文书店
开　　本：787mm × 1092mm　1/16
印　　张：10　　**字　　数**：100 千字
版　　次：2020 年 1 月第 1 版第 1 次印刷
书　　号：ISBN 978-7-119-12288-5
定　　价：39.80 元

版权所有　侵权必究　如有印装问题本社负责调换（电话：008610-68996172）

前言

基于微观史学的南京大屠杀调查与研究

朱成山

南京大屠杀微观史学的调查与研究的被提起，是受到了一件事的启发。2014年12月1日，为了迎接首次国家公祭日的举办，侵华日军南京大屠杀遇难同胞纪念馆在其冥思厅入口处的墙上，公布了“30户受害家庭南京大屠杀遇难者名录”。这份名录，是在对遇难者家庭分户进行微观研究，将每一户受害者进行梳理，发现一户家庭有7人、6人、5人等不同数量成员遇难，然后进行有针对性和关联性的公布，这一举动受到了学界、媒体和观众的充分肯定。

对于南京大屠杀这段历史研究来说，做30户遇难家庭受害史微观研究显然是不够的。为什么我们不能做300户呢？本人时任侵华日军南京大屠杀遇难同胞纪念馆馆长、侵华日军南京大屠杀史研究会会长，创新性地提出了南京大屠杀微观史研究的课题，并且正式开始了申报国家社会科学基金项目。

2016年初，《基于微观史学的“南京大屠杀”研究》国家社会科学基金项目，被国家社科办公室列入国家级抗日战争史研究重点课题（项目批准号：16KZD016），并被新成立的南京大屠杀史与国际和平研究院定为重点资助的课题之一。本人作为该国家重点项目的首席专家，主持并组织实施了这一项目的系列工作，觉得这是一项十分有意义、有价值、值得去努力的科研项目。

何为微观史学研究？微观史学是相对于宏观史学而言的历史研究。微观史学关注细节，注重对一个事件、一个人物、一种组织或制度等所做考证、比较、叙述性的历史研究。历史学的微观研究是宏观研究的不可或缺的基础。

随着1982年发生的日本文部省修改历史教科书事件，以及1985年侵华日军南京大屠杀遇难同胞纪念馆的建成与开放，南京大屠杀史学研究引起史学界高度的重视和关注，30多年来成果丰硕，但大多数集中在宏观叙事的层面，仍然缺乏对微观史学的深入研究。

南京大屠杀微观史研究，就是通过对南京大屠杀受害者及其关联群体、区域的叙事性书写，充实南京大屠杀的历史叙事，形成包括个人记忆、集体记忆、国家记忆的多层次的历史记忆。

该项研究将从2016年开始，至2020年结束，耗时五年，与国家“十三五”规划同步。具体通过4个子课题展开。一是《南京大屠杀300户家庭受害研究》子课题组，对南京大屠杀期间最具典型意义的300户受害家庭进行案例研究。综合这些家庭的受害情况和记忆，揭露南京大屠杀期间侵华日军的暴行，还原南京大屠杀期间南京民众的家族受难历史。二是《南京大屠杀档案中的个人与家庭》子课题组，按南京大屠杀发生时的南京区域建制重新编辑、整理史料，整合分存于不同机构的同类型档案，并适当补充过去由于某些原因未公布开放的档案，从而较为全面地、长时段地反映出各街道、里弄的人员伤亡（包括失踪）及财产损失情况，并相互佐证，还原南京大屠杀期间个体（个人、家庭）的历史记忆与所处的历史现场。三是《南京大屠杀期间的难民所研究》子课题组，通过挖掘大量档案资料和开展口述调查，对南京大屠期间各难民所的运行管理机制，包括南京安全区国际委员会对各难民所的管理、各难民所难民结构和难民人数的变化、各难民所内部的管理运行，以及各难民所最后关闭等情况进行深入调查研究。揭露南京大屠杀期间侵华日军在各难民所的暴行，揭示南京大屠杀期间各难民所难民的不屈抗争、同胞互救和艰难生存的历史。四是《南京大屠杀期间西方在宁人士生活史》子课题组，将理清南京大屠杀发生前后，西方人士在宁的日常生活，他们人身安全及财产受日军损害的情况，日军对西方人士的态度与实际作为，以及西方人士对日军暴行的制约。

各子课题组在推进资料调查的过程中，微观史研究方法也在不断摸索中得到提升。以《南京大屠杀 300 户家庭受害研究》子课题组为例，具有如下几个方面的特点：

第一，组织聘请了中国第二历史档案馆、南京市档案馆、南京炮兵学院、南京晓庄学院、南京中学、北京经贸大学、日本广岛大学等单位专家学者、教师、博士生、硕士研究生等研究团队，综合调动和运用各方面的力量，群策群力地进行南京大屠杀微观史的研究。

第二，大学生志愿者的参与，凸显在历史传承维度下的微观史研究。2017 年 3 月 25 日，“南京大屠杀 300 户家庭受害研究”课题组对来自晓庄师范学院大一、大二共 16 名志愿者进行了调查方法的培训。同年 4 月，课题组成员徐康英 、王南对南京大屠杀幸存者张智福的女儿张腊云进行采访时，大学生志愿者参加全程采访，并结合问题进行提问。当天采访结束后，就采访录音、照片整理等相关具体技术问题进行了座谈与交流。目前已经登门入户调查南京大屠杀幸存者已近百户，形成了一批最新的调查报告和资料。

第三，在调查过程中，南京大屠杀幸存者家属成为课题成员参与调查，丰富了研究“当事人”的视角。如南京大屠杀幸存者常志强的女儿长期陪同父亲参加证言活动，不仅仅熟悉幸存者常志强的受害经历，同时以女儿的角度理解当事人的心理、情感，能从内外诠释幸存者常志强的个人记忆。此外，她作为家庭成员还参与了父亲的生活史，如拍照记录了幸存者常志强日常生活中的每次绘画。这样的碎片化、经常性、及时性记录与收集，有利于构成更加完整的受害者家庭史，丰富了受害者个人为主体的历史解释。

我们根据目前所掌握的调查资料，编辑出版一套丛书，呈现这个国家级课题的成果。计划出版的这套四本书籍的内容和特色是：

一是编辑出版《微观史学研究——百户南京大屠杀受害家庭调查》书籍。本书从南京大屠杀300户受害家庭的调查中选取100户受害家庭调查记录，透过受害人或者其子女的讲述，以受害家庭及受害者在南京大屠杀发生之前、期间及受害后为时间轴心长线，努力实现点、线、面的统一与结合。通过个人及其家庭的受害情况及南京大屠杀对家庭、个人生活、精神造成的影响，进一步展现南京大屠杀暴行发生前、发生期间、发生后的历史全景，目前已经编辑成书，并由南京出版社于2019年4月公开出版发行。

二是编辑出版《汤山调查——南京大屠杀受害地区的纵深研究》书籍。本书主要反映汤山地区军民的战前活动、中国守军在南京城东抵御日军的英勇战斗、广东部队的南京突围、日军在汤山地区的暴行、城东百姓惨痛的跑反经历和沦陷时期的悲惨遭遇等情况，是南京大屠杀部分地区受害史的典型案例，也是一本可读性很强且地方文化色彩浓厚的读物。

三是编辑出版《夏淑琴口述史——南京大屠杀幸存者的述说与诉讼》书籍。本书收录了自1994年夏淑琴首次访日至2016年访美，以及以幸存者的身份参加的各种类型的纪念活动、证言集会、国家公祭等方面的图片，展现了一位南京大屠杀幸存者，为惨遭杀害的家人和30万死难同胞诉说那段历史的经历，收集整理了夏淑琴名誉案的中日全部档案资料及国内外媒体对其胜诉的各种报道，力图反映幸存者典型的个案，来记录他们为维护历史的真相而做出的努力与贡献。

四是编辑出版《南京大屠杀幸存者常志强的生活史》书籍。本书从常志强及家人的生活经历的特殊视角，讲述了他作为南京大屠杀幸存者普通而又不平凡的一生。讲述了常志强作为一个年仅九岁的战争孤儿，如何担起家庭生活的担子；在青年时期的常志强如何奋发向上、成家立业；

而老年的常志强，又是为何把侵华日军南京大屠杀遇难同胞纪念馆作为一个精神寄托的家；以及为了让后人铭记这段历史，如何向海内外人士讲述那段让他悲痛且刻骨铭心的史实。特别是通过常志强在家庭生活中一个个平凡且生动的小故事，给读者展现了南京大屠杀幸存者的日常和精神生活史。

感谢外文出版社徐步社长、南京出版社卢海鸣社长对该套丛书的编辑出版给予的关心与支持，恳切希望该丛书的出版与问世，能够为深化南京大屠杀史研究提供一个小小的窗口。

是为序。

（作者为江苏省委外宣办原副主任、侵华日军南京大屠杀遇难同胞纪念馆原馆长、常州大学近现代史与红色文化研究院院长、教授）

2018 年 3 月于南京

目　录

自序

1937年南京大屠杀期间，常志强曾眼睁睁地看着自己的亲人丧生在日军屠刀之下。从此他由一个大家庭的宠儿变成了孤儿，痛苦的记忆伴随着他的一生。在随后80多年的生涯中，他将怎样顽强地生活下来，展现其生命的坚韧和幸存者特殊足迹的呢？

本人常小梅，是常志强的小女儿。我写这本书的目的，就是想从父亲和家人生活中的点点滴滴为切入点，讲述常志强作为南京大屠杀幸存者普通而又不平凡的一生。

常志强作为一个年仅九岁的战争孤儿，在失去亲人后，如何担起家庭生活的重担；青年时期的常志强如何奋发向上，成家立业；老年的常志强，又是为何把侵华日军南京大屠杀遇难同胞纪念馆作为自己精神寄托的家；以及为了让后人铭记这段历史，如何向海内外人士讲述那段让他悲痛且刻骨铭心的史实。本书通过常志强在家庭生活中一个个平凡且生动的小故事的讲述，向读者展现一位南京大屠杀幸存者的日常和精神生活史。

我退休前在南京东方无线电厂设计所工作，热爱文学。

1960年2月，我出生在南京，有一个姐姐，两个哥哥。

我的父母都是宽厚的人。我有个娘舅，他是我外公兄弟的儿子，在娘舅十几岁的时候，他的父母都相继去世，外婆跟我父母商量，希望我父母把我娘舅接到南京来抚养，我父亲没有任何怨言，让我外婆把娘舅带到南京来。当时正值中国自然灾害时期，父母已经有4个孩子了，生活也不宽裕，但是父母还是收养了已成孤儿的娘舅，现在的娘舅在南京已是儿孙满堂，生活得幸福美满。

父母的生活习惯也潜移默化地影响着我们几个兄弟姐妹。

我们每周都会抽时间去看望父母，会在父母那里相聚。

父母会烧一桌丰盛的菜肴，等我们回家。我们也会带上给父母买的礼物。家就像温暖的港湾，无论你远行千里，都会令你魂牵梦绕。

现在父母都到了耄耋之年，是儿女们回家为他们做一桌丰盛的菜，为他们买礼物，哄他们开心的时候了。重孙们会说："太爷爷，太奶奶都没牙齿了。"父母听到重孙们的话，都会乐得笑眯了眼。

家的快乐其实就这么简单，就是一家人健健康康、和和睦睦，能够在一起开开心心、说说笑笑。跟父母在一起分享自己的开心事，听着父母的唠叨和叮嘱，看着父母爬满皱纹的笑脸，是人生最幸福的事情。

我为什么会想起来写这本书呢？

那还得从几年前的一件事讲起。

2014 年 8 月 15 日，日本的松冈环女士和江苏省工会外事处的盛卯弟先生去看望父亲，刚好我也在父亲那里。松冈环女士希望我能够在第二天陪父亲去南京虹桥饭店，参加她们组织的幸存者联谊活动，我答应了她。

第二天上午，我陪着父亲来到了虹桥饭店。刚出电梯门，采访的记者一下子都围过来了。父亲一下抓住了我的手，对我说："你不要走啊。"那眼神是我所未见过的，是乞求，是信任，更是依赖。我连忙说："我不走，你放心。"

父亲在我的印象中历来是特立独行，内心很强大的。此时，父亲的这一句话，这一个动作，竟然让我的眼泪差点掉了下来。那一刻，我突然意识到父亲真的老了。

那天，松冈环女士又带了日本年轻学生来接受历史教育。我非常钦佩松冈环，她为了向日本民众还原南京大屠杀的历史真相，让日本年轻一代了解那段灭绝人寰的杀戮，坚持每年到中国来看望幸存者，去侵华日军南京大屠杀遇难同胞纪念馆祭悼遇难者。

有一年，我去沈阳出差，在火车上，我和旁边座位上的人聊天，当她得知我是南京人时，就说："你们南京阴冷阴冷的。为什么呢？"对面座位上一个小伙子插话道："南京1937年真死了30万人吗？"听了这话，我心里真的不知是什么滋味，我告知他："这是事实，有机会你一定要去侵华日军南京大屠杀遇难同胞纪念馆看看，看了你就不会这么问了。"

我想我有责任把这些家仇国恨，让更多的人知道。永远记住那段耻辱的历史，从而珍惜今天的和平生活。

2017年3月26日，侵华日军南京大屠杀遇难同胞纪念馆原馆长朱成山，南京市档案局（馆）原副局长徐康英，日本广岛大学研究员杨小平一同去看望父亲。他们看到父亲画的画，以及我为父母写的"美篇"，认为很有意义。朱成山馆长告诉我说："我们正在准备为国家社科基金《基于微观史学的南京大屠杀研究》项目出版系列丛书，打算为幸存者夏淑琴写一本书，准备把你父亲的经历在另一本书中安排一个章节来写。现在，读了你为父母写的文章，我有了一个新的想法，我想让你来为你父亲写一本书，以此来反映南京大屠杀幸存者的生活史。"

朱馆长这个提议与我的设想不谋而合，有一种水到渠成的感觉。我欣然接受朱馆长的建议和邀约，由我来为父亲写一本书。

沈阳之行的那段境遇和南京虹桥饭店父亲的“你不要走”的那句话，以及松冈环女士为了向日本人民还原那段历史，多年来不懈努力的精神，一直鼓舞着我，使我在内心产生了一种愿望，撰写一本关于反映南京大屠杀幸存者生活的书籍。描述他们在经历了那段惨绝人寰的战争后，是如何坚强而艰难地活下来的，并以此来反映那场战争的血腥和人性的坚韧，以及战争和杀戮给幸存者带来的巨大的心灵创伤。

作为幸存者的后代，我有义务传承这段家庭记忆，记录那场反人类的战争给中华民族带来的耻辱和伤痛。作为中华儿女，我更有义务传承这段民族记忆。

我想通过我父亲（一个南京大屠杀幸存者）的不幸遭遇，来告诉我们的后代，1937 年 12 月 13 日的南京是怎样的血雨腥风，向世人还原那场战争给中国、给南京、给幸存者个体家庭带来的巨大灾难，警示世人，远离战争，珍爱和平。

我更希望通过自己的笔墨，能够唤起更多的人去了解那段历史，不因时间久远而被遗忘，激起更多年轻一代人的爱国热情，牢记祖国曾经遭受的耻辱和苦难，担负起建设祖国强大繁荣、不再任人欺辱的重任。

本书的撰写，非常感谢侵华日军南京大屠杀遇难同胞纪念馆原馆长朱成山、南京市档案局（馆）原副局长徐康英、南京师范大学教授经盛鸿、江苏省广播电视台新闻纪录片中心编导杨丹、江苏省工会外事处盛卯弟先生、侵华日军南京大屠杀遇难同胞纪念馆副馆长王伟民、翻译芦鹏先生、南京艺术学院张玉彪教授、南京师范大学张连红教授和日本友人松冈环女士。

第一章

父亲的童年

我的父亲常志强是个有特殊经历的人，他历经磨难，饱经沧桑。

父亲出生于1928年的2月，属龙，乳名叫大龙，学名戴政民。上面有一个姐姐戴桂珍（1926—1944年），属虎。父亲有4个弟弟：

大弟弟（1930年—1937年12月13日）属马。

二弟（1932年—1937年12月13日）属猴。

三弟（1934年—1937年12月13日）属狗。

四弟（1936年—1937年12月13日）属鼠。

父亲的童年经历了人生中最为痛苦的事——失去亲人，沦为孤儿。

父亲9岁那年，也就是1937年12月13日的那天，他目睹了身边的亲人们一个个倒在了血泊中。

他的父母及4个弟弟在日军的刀枪下，瞬间不明不白地失去了鲜活的生命。父亲和他的亲人们从此阴阳两重天，父亲一下就成了孤儿，他的亲人们沦为了死不瞑目的“冤魂”。

父亲快乐幸福的童年瞬间结束，苦难痛苦的童年就此开始。

尽管父亲和他那被日军刺了数刀的姐姐有幸死里逃生，但是他的姐姐最终没能活下来，1944年，因感染斑疹伤寒而失去生命。

父亲的青年时期，奋发向上、任劳任怨，娶了漂亮贤惠的妻子，生了4个娃。

父亲在工作上，认真努力、勤奋苦干，从小学徒到工段长，从工段长到车间代理主任，从车间代理主任到全厂设备管理的“一支笔”。一路走来，付出了汗水，取得了成就。

童年痛失亲人的记忆，在父亲的脑海中一直挥之不去。时间是治愈伤痛的最好良药，然而，直至晚年，父亲的这段记忆也未曾被时光冲淡。父亲为了将这段真实的民族和家庭记忆呈现在世人面前，他一直努力去尽自己的社会职责。

人们常说，年纪大了，就只记得小时候的事情，当下

20世纪30年代初，德国摄影师海达·莫理循拍摄的南京老照片

的事情却容易忘记。我的理解是因为儿时的记忆是最美好的。所以，它值得你去回忆。

如果，儿时的记忆是噩梦，它还值得你去回忆吗?

美好的记忆是甘泉，它会滋润你的心田，让你愉悦，让你欢心；噩梦的记忆，是苦酒，会让你苦到心田，让你抓狂，让你痛彻心扉。

人生就是圆梦的过程。

人从呱呱坠地，到老态龙钟，就是画了个圈。

首尾如何相接，其实，就是圈尾去接圈首。

有着噩梦般童年记忆的父亲，回忆对他而言，就是一次次心灵的撞击。

从宠儿到孤儿

我父亲小时候，他家里有十口人。他们是：父亲的曾祖母（太奶奶）、祖母（奶奶）、爸爸、妈妈、姐姐和四个弟弟。

父亲的爸爸戴英俊（1898 年—1937 年 12 月 13 日）属狗，家住南京大光路八宝前街 1 号，在南京夫子庙靠近白鹭洲的附近开了个小杂货店。小店经营得还不错，依靠它可以养活一家老小。

父亲的爸爸写得一手好字，擅长画画。经常帮人写写对联或者画素描像。

父亲的母亲戴张氏（1908 年—1937 年 12 月 13 日）属猴，是个贤惠能干的女人，把家操持得井井有条。

父亲的曾祖父（太爷爷）和祖父活着的时候，是搞船运物流的。运输线路就是从苏北到南京往返。就是把苏北的大米、小菜等运到南京来卖，把南京的种子等物运到苏北去售卖。

父亲是他们家中的长子，他很小的时候就被我祖父送去读私塾，因为父亲的悟性好，私塾先生建议祖父把我父亲送到当时的洋学堂去读书，也就是今天的南京夫子庙小学。

那时候祖父经常把我父亲扛在肩上，在夫子庙看杂技表演，买各种小零食吃，这是父亲童年中最为得意开心的事。因为父亲的聪明乖巧，深受他们家族长辈们的喜爱，是整个大家族的宠儿。父亲的童年原本应该这样一直幸福下去的。但是，这个幸福却只能定格在 1937 年 12 月 13 日之前。

1937 年 8 月 15 日，日本的大批战机首次飞临南京上空，对南京和平居民处开始狂轰滥炸，战争的灾祸由此降临到南京这个中外闻名的古都城市。

此后，南京城的老百姓被迫纷纷外逃。父亲因为有两位年迈且小脚的祖母和太祖母，所以迟迟未能撤离南京城。

父亲回忆说："日军轰炸我们的时候，那老百姓都要走吆。当时的老百姓身家性命难保，日军飞机天天在房顶上转来转去，轰啊轰的，还经常扫射机关枪。大家都吓得东躲西藏了，抱着头跑，朝哪里跑呢，没有目标。"

1937 年冬天到来的时候，南京城已经岌岌可危，政府机关、工厂早已纷纷西迁。商店歇业、学校停课、家家户户面临的就只有一件事——逃难。

疯狂的日军兵分三路向南京进攻。我父亲的祖母对他的儿子说："我们年老体弱，行动不便，无法外出逃难，就听天由命了。你们赶快带着孩子去逃命吧。”在迫不得已的情况下，我祖父和祖母流着眼泪离开两位老人，带着6个孩子往难民区逃。听父亲说，他们家当时住在城南，到难民区必须要过内桥。但是，那天内桥正在戒严。

无奈之下，我的祖父领着妻子儿女一家人，与一些难民被迫退到内桥旁边一个叫做“王府园”的小巷内，在走到巷内不远处，有一条丁字形走不通的小死巷，顶头有三间大瓦房，一位上了年纪的房主对逃难的人说：“天已经黑了，你们住一晚，明天早上我们一道走。”在那年冬日，父亲一家人和很多难民就在这种饥寒交迫的近况下，苦熬着盼等天明。

那天，是1937年12月12日农历冬月初十。此时，南京城的很多老百姓并不知道，那天下午守城的中国军队已经无力抵抗日军的进攻，被迫开始撤退。就在离父亲一家暂住的王府园两三公里远的地方，日军已爬上了南京城南中华门的城墙。

1937年12月13日凌晨，南京沦陷。

强攻中华门多日的侵华日军第六师团蜂拥而入，住在中华门附近的老百姓，成为这座城市沦陷后最早的一批受害者。

父亲他们一家忍饥挨饿一夜，等来的却是杀戮。

1937年12月13日农历冬月十一日清晨，日军的大炮开始向南京城内猛烈轰击。父亲常志强回忆说："早上日军的大炮铺天盖地向城内轰击，城内一片火海，人们向四处躲避。我的父母拖着姐弟向巷中间一个小防空洞方向逃，我因一晚上又冻又饿，口吐清水，无力奔跑，呆呆地瘫坐在地上。我的父亲冒着生命危险跑过来，把我背到防空洞。约半个时辰，炮声停了下来。惊魂未定的难民不约而同又聚到了一起，有人议论说，炮轰停了，可能破城了。日本兵要进城了，目前大家不能走。又有人说，赶紧走，不然走不了了。不一会，就听到巷子外不时传来阵阵哭喊的惨叫声。'杀人啦，杀人啦。'片刻，日本兵已经涌进巷子。不问青红皂白举枪就对难民们射击，当场就有数人倒地。

"见前面的青壮年人倒下来了，大家就慌了，'啊，杀人啦。'哭喊声、惨叫声、孩子的啼哭声充满了整个巷内。一时间难民四处乱跑，巷内乱成一团。日本兵见人就用大刀砍，刺刀刺。"

厄运降临了。我的祖母戴张氏，抱着我父亲最小的弟弟。当时，父亲的小弟弟被吓得拼命哭，我祖母就给他吃奶，让他不要哭。就在此时，一个日本兵端着刺刀，一刀戳向我祖母戴张氏的胸口。鲜血从我祖母胸前咕咕地流下来了。但是，她还强撑着，坚持着，不让手中的孩子掉下去。鬼子将刺刀拔出，又一刺刀戳向我的祖母，祖母倒了下去。我父亲最小的弟弟被摔到了地上，哇哇大哭。那个日本兵拿起刺刀，对着他的屁股上就是一刺刀，挑起，抛出几尺远。父亲和他另外几个弟弟吓得哭啊，喊啊。父亲哭着喊着跑向被日军用刺刀抛出去的小弟弟的方向。

日军的刺刀并没有因为几个孩子的大哭而停止刺杀。

父亲听到几个弟弟撕心的哭喊声，不自觉地停下脚步，回过头，他看到日军正在用刺刀刺向我祖母的胸口。他那三个弟弟不知哪来的胆量，竟然有的抱住日军的腿，有的拽着日军的衣服，有的用嘴去咬日军。哭喊声一片，“不要戳我妈妈，不要戳我妈妈。”日本兵的刺刀无情地刺向他那三个年幼的弟弟。

结果，父亲的妈妈和他的三个年幼的弟弟全部丧生于日军的刺刀之下，鲜血染红了土地。

父亲目睹自己的亲人一瞬间竟一个个倒下，眼前这一幕幕血淋淋的杀戮从天而降，九岁的他因恐惧加之饥饿，吓得晕了过去。

父亲的姐姐也被日军刺了数刀后昏死过去。

当父亲醒来后，眼前尸横遍野。他那昏死过去的姐姐醒来后，正用微弱的声音在喊他，让父亲去看看他们的母亲。

父亲来到我祖母身边，发现我的祖母已经奄奄一息了。

父亲见自己的妈妈躺在那里，她的棉衣已被鲜血浸湿，正在低声痛苦地呻吟着。

当我祖母看到我父亲后，眼泪瞬时就像断了线的珠子顺着面颊滚落下来。她那无力痛苦的目光注视着自己的儿子，嘴巴费力地动了动，却发不出声音。

那边有小孩子的哭声，“妈妈，妈妈。”好像是小弟弟的哭声，父亲会意了我祖母的意思了。父亲对我祖母说：“妈妈我去看看，是不是小弟弟？”地下全是死人，地面全是血，地面的低洼处，更是一汪汪的血。踩得脚下都发黏了。天特别冷，父亲在死人堆的缝隙中，发现一个小孩趴在那里，正在向上爬。边哭边喊边爬，“妈妈、妈妈……。”

父亲看到小弟弟还活着，便喊：“弟弟”。小弟弟听见哥哥的声音，掉过头来，拼命朝哥哥面前爬。他的小鞋子也掉了，两只小脚袜子也没有了。当时，因为天气冷，小脚被冻得通红，全是血。

当父亲将他的小弟弟抱到我祖母面前时，祖母看见小弟弟，便拼命地挣扎，用她那无力的手拼命地拽，拽她怀里的衣服，她要给最小的孩子再吃口奶。当父亲将小弟弟轻轻放到我祖母身边后，父亲的小弟弟见妈妈把衣服拽开，便拼命地钻到妈妈怀里去吃奶。

我的祖母身上的刀伤都在流血，我父亲不懂事的小弟弟，趴在我的祖母身上吃奶，他不知道吸出来的全是血泡泡。

父亲常志强回忆说，当时血泡泡太多，就赶紧对他的妈妈说：“妈妈我给你捂着，你坚持一会，坚持一会，会好的。”可是他的妈妈此时已不能说话，两眼无神，默默地看着父亲，眼泪不断流淌着，渐渐地垂下了头，眼睛也闭上了，眼角还挂着泪水。父亲摇摇她，她也不响。就喊她：“妈妈你起来，你起来。你不能死，你死了，我们怎么办啊？”不管父亲怎么呼喊，她的妈妈已永远呼唤不醒了。

父亲又去死人堆里找他的爸爸。他看到我祖父屈腿跪伏在地上，父亲一边呼喊着：“爸爸，爸爸！”一边用手推了推我祖父。祖父却倒了下去。父亲发现地上有一摊血，再一看，我祖父背后的棉袍上有一个枪眼。父亲明白了，他的父亲戴英俊已经丧生在日军的子弹之下了。

父亲奔跑到他姐姐戴桂珍身边，告诉姐姐：“我们的爸爸也被日军打死了。”

这时，巷子口又传来哭喊的声音，父亲的姐姐让父亲赶紧把她拖到旁边屋子的床底下躲起来。父亲把姐姐拖到房门口的床下，把房门打开，打开的房门刚好挡住了一半床。父亲又把床边的马桶放在门前，打开马桶盖，他自己赶紧也躲到床底下。

不一会，日本兵进屋看看没人，更不想闻马桶散发出来的气味，就出去了。父亲从门缝中看到日本兵正在死人身上翻找值钱的东西。

父亲和他的姐姐戴桂珍就这样在床底下躲了一夜。

第二天一大早，听到外面传来一个女人的哭声时，父亲和他的姐姐才从床底下爬出来。

见到一个中年妇女正趴在一个中年男人身边大哭。父亲和他姐姐对中年女人说："救救我们吧。"

好心的中年妇女得知他们已经成了孤儿，便把他俩带到巷子口的家里，父亲和他姐姐称她为"胖妈妈"。

"胖妈妈"告诉他姐弟俩，她姓张，她丈夫是唱戏的，在戏里是扮演"武生"的。在她家里的墙上还挂着大刀等演戏的道具。

刚落脚一会，两个日本兵闯进屋来，见屋里墙上挂着的道具，嘴里叽哩哇啦用枪逼着"胖妈妈"唱戏给他们听，"胖妈妈"为了能让日本兵放过她们，无奈之下就唱戏给日本兵听。可是，日本兵还是没能放过"胖妈妈"和我父亲的姐姐戴桂珍，把她俩都奸污了。我父亲那个可怜的姐姐当时才 11 岁，而且身上还留有前一天被日军刀刺的伤痛呢。这些日军简直就是一群畜生。

为了不再被日军蹂躏，父亲和"胖妈妈"架着 11 岁的姐姐，艰难地逃到了难民区的金陵大学。

金陵大学难民所，先后救助了二十多万难民。难民区内的人已爆满，父亲和她姐姐好不容易挤到一座难民区的楼内，走廊的楼梯下面就成了两人的安身之处。后来他们遇到了一对好心的夫妇，先生叫姜何州。当他们得知父亲的遭遇后，就把姐弟二人带到难民区他们居住的地方，收养了他们。

逃到难民区的手无寸铁的难民也惨遭日军的屠杀和残害，日本兵还不断闯入到难民区来，他们以搜捕中国军人为借口，对难民进行疯狂的摧残和杀戮。

父亲回忆道："他们把难民赶到操场上，男人赶到一边，女人和孩子又赶到一边，日本兵站在中间。然后他们从男人里面拽一个人出来，要人去认他。当时，有父亲找儿子的、有母亲找儿子的、有妇女找丈夫的。虽然那些人在那里蹦啊、跳啊、喊啊，但因为人数太多，后面的人根本看不到，没法认领。所以，多数人拉出来后还未来得及被认领，就被日军用绳子拴住带走。一时间就有大批青壮年男子被日军用绳子把手一个一个绑起来，带出难民营，进行集体屠杀。"

日军还在光天化日之下随时闯入难民区，强奸妇女。

当时南京城的老百姓每天都诚惶诚恐，不知灾难何时就会降临。

后来难民区解散了，家门口一位熟人把父亲和他姐姐一起送回了家。父亲的祖母和太祖母看到这姐弟俩后，搂住他们，哭得死去活来。

父亲和他姐姐后来去王府园找过他们的父母及几个弟弟遇难后的尸体，“红十字会”收尸的人说：当时有一对母子的尸体，小孩子还趴在母亲身上吃奶，两人冻在了一起，分都分不开。

父亲哭着说：“那一定是我那可怜的母亲和小弟弟呀。”

我祖父遇难那年 39 岁，我祖母遇难时 30 岁，我的大叔叔遇难时 8 岁，我的二叔叔遇难时 6 岁，我的三叔叔遇难时 4 岁，我的四叔叔遇难时还不到两岁。

一家 6 个鲜活的生命，就这样瞬间被日军夺去了。

1937 年 12 月 13 日，南京城就是一座血洗的城市。

南京城冤魂萦绕。

多少家庭以泪洗面。

少年当家

没有了父亲和母亲，但是生活还是要过下去，可怜的姐弟二人开始担负起家庭生活的重担。

1938年的春节，我很难想象当时父亲和他姐姐是如何度过的？唯一可以使人安慰的是他们两人都长大了一岁。

父亲当年10岁，他姐姐12岁。在没有父母的陪伴下，很难想象，一个10岁和一个12岁的孩子是以怎样的顽强毅力活下来的？

现实把原本应该无忧无虑正在上学的父亲抛入了社会，这中间有多少伤心、恐惧、痛苦、困惑和无奈。让年仅十岁的父亲常志强，不得不学会吃苦和忍耐，饥饿、困苦、孤独和坚强一直伴随着父亲的成长。

父亲回忆说，当时日本人在南京开了很多工厂，工人都是中国人。当年，他姐姐被迫到一家日本人开办的被服工厂打工。天不亮出去，直到晚上半夜三更才回来。

那些日子，懂事的父亲会上紫金山收集落在地上的松针和松果、拾柴、挖野菜，用于自己家生火烧水做饭，多余的柴火有时也会拿出去卖钱。小姐弟俩艰难地度过了难熬的日子。

当时，父亲年迈的祖母和太祖母总是心疼地叮咛：“到紫金山划柴，你要当心啊。柴火底下当心有蛇，遇到蛇，你不碰它，它不会碰你。要是被它咬一口，即使没死掉，肿起来，也疼得很，一定要记住啊。”

拾到的柴火用绳子拴上捆好，然后背回家。拾柴、背柴，虽然辛苦，但是，当炉火中松针和松果燃烧后散发出的香气，给苦难年少的父亲也能带来丝丝片刻的喜悦和快乐。

我曾经问父亲，当时他父母兄弟都被杀害后，面对每一个漫漫长夜，他是如何度过的？父亲告诉我说：“刚开始每晚都会痛哭，晚上，想想今天一天的事，想到伤心的事情，就会回忆起父母在世时候的幸福，就会躲在被子里大哭一场。有时白天想到了也会掉眼泪。”父亲说，那时候只要想到自己的父母，心里就异常难过，眼泪就会不由自主地流出来。但是，只要祖母和太祖母在的时候，他绝不落泪。我想那时的父亲内心浸着他祖母和太祖母看不见的悲伤。可以想象，十岁的他经历了多少担惊受怕，在这过程中，伴随父亲的只有痛苦和泪水……

为了生计，父亲会打听哪里有赚钱的小买卖。他去过机场贩卖过油条和烧饼；去南京郊县贩米，然后拿到南京城里来卖，赚取辛苦的差价钱。但这样的辛苦钱也赚得很艰难。日军在城门口设立哨卡，只要发现有人从城外带米进城，日军和伪军就会让你把米袋放入一个盛满水的大桶内浸泡一下。这样，你的米就没法卖了，自己也无法储藏。

1938年春天到1940年，南京的米价竟然暴涨了四倍，到了1942年夏天，为了平息民怨，日伪当局推行所谓的“计户售粮”。但由于供粮奇缺，售米处一开门，就被抢购一空。老人和孩子往往排一长队，却买不上一粒米。当时，南京周边的农民会挑点米进城来卖，卖点钱在城里买点布等需要的用品。但是，日军和伪军控制着城门，看到挑米进城的农民，就把他们的米袋子拽出来，扔到地下。有时甚至逼他们自己把米袋浸湿。南京周边的农民被日军这样一逼，就不敢再进南京城卖米了。南京粮食供应更加紧张了。迫于生计，胆子大点的市民会想方设法

年少的常志强常常独自一人到城外贩米。漫画来源于纪录片《常志强——被雕刻的记忆》

到南京城外十多公里以外的农村去贩米。

年少的父亲也加入了贩米的队伍。为了生存，他半夜三更爬城墙，用绳子把米从城墙外吊到城墙内。

父亲回忆，他那时候要跑到很远的地方去买米。当时，只要听说哪个小镇上的米便宜，就去那里。人家看到这么小的孩子来买米，就会问:“这么小的孩子，你是来干什么的？”父亲就会说:“我是来买米的，我们那边没有米吃。要有计划才能买米，我们的计划不够。”他们有时还会问:“你父母呢？”年幼的他就不愿意讲了，每到此时，他心里就会异常难过，眼泪会止不住掉下来。有时被追问得没有办法，就跟他们实话实说了:“我的父母都被日本兵杀掉了，我是孤儿。我到这儿来买米，是因为这儿米好，便宜。这个米背到南京去卖，我要赚点钱买点吃的东西，填饱肚子。人家一听，眼泪也随之掉下来了。卖给我的米又便宜又好，有的好心人还会送我一段路程。因为米重啊，我就背背歇歇，两个肩膀都背肿了。”

就这样，父亲经常背米卖，背米吃。当时，一斗米是15斤，父亲一次要背回三斗米，也就是45斤米。听父亲说，当时背回三斗米到南京来卖，可以挣一斗米的钱。

这样背米的日子，父亲度过了很多年。

一个孩子徒步几十里路，每次背回来三斗米。有时夜晚路过墓地时，年少的父亲总是有点恐惧，但也没有办法。为了不让城门口日军糟蹋从几十里外背回来的粮食，他还要半夜三更爬城墙。城墙有的地方是和小矮山连在一起的，他就从小矮山爬到城墙上。当时城墙下面有人家住，城墙下的住户了解到父亲是个孤儿后，每当他贩米回来，就将事先准备好的绳子从城墙上放下去，这位好心人就会帮父亲把背回的米拴好，让父亲把米吊上城墙，然后再吊下城墙。

米是买回来了，年少的父亲又该如何把辛苦背回来的米卖出去呢？在卖米的过程中，父亲常常遇到好心人，但也遇到过骗子。

听父亲说，有一次，一个老头看见父亲卖米。他就问父亲米卖多少钱一斤，父亲告诉他后，老头说，你的这个米我全部都要，你便宜点。经过一番讨价还价，父亲就同意了他说的价。老头拿出他自己的米袋，让父亲把米倒入他的米袋里。这时，警察来了，就开始把路上摆摊的商贩往路边驱赶。老头看到警察来了，就让父亲快点倒。随即拎起父亲倒好的米，丢下买米钱，拔腿就走。老头丢下的买米钱有票子、有铜板、有银角子。父亲要数啊，等父亲数完钱，发现那老头只付了一半的米钱。再想找那老头时，他已不见了踪影。这一趟贩米，不但不挣钱，还倒贴钱。这让年少的父亲感受到了生活的艰辛，人心的险恶。

没有父母的孩子早当家。父亲年幼的时候就懂得在集市下市的时候去买菜，这时的菜价便宜。他知道每天到这种时刻，农民要回家吃饭了，菜就会便宜很多。时常有卖菜的问他，你怎么一个人啊？你家大人呢？父亲有时会拒绝回答，但有时也经不起别人的盘问，如实说出自己的经历。卖菜的妇女就会拿一些菜送给父亲，父亲不愿意白拿，总会少付点钱。如果对方不收点钱，他就不要菜。父亲虽然贫穷，但自小就有骨气。

这个世界上善良的人还是很多的，就因为有着许多善良人的点滴相助，才有了孤儿父亲的生存空间。

姐姐非命于斑疹伤寒

1943 年至 1944 年，南京很多人得了流行性瘟疫，人们并不知道，当时日军在南京明故宫一带进行细菌武器与毒气武器的实验。

日军在南京的“荣字第一六四四部队对中国军民实施细菌战的手法，与第七三一部队一样，基本上有如下两种：第一是‘地面传染法’，由日特与汉奸，冒充难民，携带制成雪茄烟式的细菌战剂，分别装入蓝、黄、白色的玻璃瓶内，潜入中国军队阵地与广大后方地区，投弃于河、井与厕所中，或渗加入淮盐内，广为传播；还有的是派遣细菌战人员随日军进击，当日军退却之际，在行将放弃的地区内向水井、河流与食品中投放。第二是‘空中投放法’，由日军派出专机，向中国军队阵地与后方空投带有各种致命细菌的疫蚤、麦粒、粟米、面粉、豆类、布块等。”[1]

“荣字第一六四四部队的总部设于南京城内中山东路路北，原陆军中央医院旧址（现为解放军南京军区总医院与南京无线电厂所在地）。这里马路对面（路南）就是明故宫飞机场；东面是伪政权设立的绥靖军官学校（后改为汪伪中央军校），再东就是中山门；西面是市中心大行宫、新街口商业区，日商云集此地，并有一条市内铁路通过；西南面是日军航空队宿舍。可谓是军警环绕，十分安全，对外交通联络又非常方便。荣字第一六四四部队除有多辆汽车、卡车外，还有自备飞机 3 架，起降于总部对面的明故宫机场，为运送人员、器材设备与细菌战剂带来极大的方便。”[2]

---

1 经盛鸿:《南京沦陷八年史》（下册），社会科学文献出版社，2013 年第 2 版，第 957 页。

2 经盛鸿:《南京沦陷八年史》（下册），社会科学文献出版社，2013 年第 2 版，第 945 页。

“另外，在距本部大院西北约 1 千米的太平门内九华山下，还设有一家细菌战剂生产工厂，对外称‘血清疫苗厂，’实际上生产血清是次要的，主要是生产细菌战剂。”[1]

“荣字第一六四四部队研究的众多致病与致命的细菌中，重点是研究鼠疫、霍乱与斑疹伤寒菌，在毒物中主要是蛇毒、河豚毒、氰化物和砷等。”[2]

“为了适应细菌战在野外空投散播鼠疫的需要，还致力于培养‘健壮的跳蚤’。哈里斯教授指出，在南京他们还大量繁殖跳蚤。为了繁殖跳蚤，共用了大约 100 只汽油桶，随着一个个生产周期的运行，一群又一群的跳蚤从这些汽油桶里蜂拥而出。‘科学者’们生产这些跳蚤大部分是用来进行鼠疫实验，这是南京的特长。”[3]

当时，父亲和他姐姐有时会去明故宫机场附近割草。

有一天，父亲的姐姐戴桂珍去明故宫机场附近割草，碰到日军飞机洒落的水雾，黏黏的水落在姐姐的身上和脸上，回家后姐姐突然开始发高烧，七天七夜高烧不退，粒米不沾，直至去世。

---

1 经盛鸿:《南京沦陷八年史》(下册)，社会科学文献出版社，2013 年第 2 版，第 945 页。

2 经盛鸿:《南京沦陷八年史》(下册)，社会科学文献出版社，2013 年第 2 版，第 949 页。

3 同注释 2。

戴桂珍去世后满身出现红色斑点，医生诊断为斑疹伤寒。从日军刺刀下死里逃生的她，还是没能逃脱日军细菌战的魔爪，最终被夺去了生命。

那年她 18 岁，一个花季少女，就这样凋谢了。

后来我在证言中发现了这样一页证词：

该同志 1937 年前后，一直住在大光路八宝前街 1 号，我和常志强系近邻，全家遇难情况属实。常桂珍（常桂珍应为戴桂珍）死于日本细菌战“斑疹伤寒”，特此证明。（死于我们院内）

证明人：李玉琴　现住大光路 50 号 18–103 室

第二章

青年的父亲

青年的父亲承载着家族的重任。他勤奋好学，在工作中任劳任怨，认真负责。

父亲有一位在国民党印刷厂任职的堂叔爷爷，在日军投降后，他随国民政府从重庆回迁到南京。在他的帮助下，于 1947 年 2 月 1 日，父亲入职了当时筹备阶段的中央化工厂。

怀揣造枪、造炮打日本鬼子的梦想，父亲开始了他的奋斗青春。 从勤杂工到小学徒；从小学徒到工段长；从工段长到代理车间主任；从代理车间主任到全厂设备管理的“一支笔”。父亲从勤杂工一步一步走向技术岗位，每一步的前行都带着初心。

父亲从那场惨绝人寰的战争中有幸活下来，就意味着这个家族散枝开叶的责任就落在了他身上。

父亲没有辜负他所失去亲人在天之灵的众望，娶了一个漂亮贤惠的妻子，生了四个娃。传承了祖辈的香火，延续了家族的命脉。

1961 年常志强的家庭照。小女儿（前排左）、小儿子（前排右）、妻子（中间一排左）、岳母（中间一排中）、常志强（中间一排右）、大女儿（后排左）、大儿子（后排中）、妻堂弟（后排右）

父亲常志强姓名的由来

1945年，日本投降，国民政府从重庆回迁到南京。这一年，父亲的堂叔爷爷一家子也回到了南京。父亲的堂叔爷爷原本是在重庆国民政府印刷厂任职的。他们找到了父亲，得知父亲已成了孤儿，十分心疼。问父亲今后有什么打算，父亲说自己想找个机械厂学徒，学会造枪炮，去打日本鬼子。堂叔爷爷抚摸着父亲的头说："这孩子有志气，我会帮助你的。"

几个月后，堂叔爷爷告诉父亲，他已经托自己之前的同事帮父亲找工作。当时正在筹备建设中的中央化工厂正急招两名勤杂人员，可以立即报名。堂叔爷爷想为我的父亲报名，又怕父亲不如意，但如果不及时报名，恐怕就要失去这次工作的机会。给自己的亲戚报名当勤杂工作，堂叔爷爷因顾及自己的身份和面子，不愿意让别人知道是自己的亲戚。以假装为别人介绍工作为由，为父亲报了个虚名——常志强。

据父亲的祖母告诉父亲，堂叔爷爷的祖上是哒子旗人，姓常。

堂叔爷爷看到父亲报仇心切，坚强而且有志气。加之堂叔爷爷只知道父亲小名叫大龙，就用了“志强”为名。

父亲的原名叫戴正民，被堂叔爷爷改为了常志强。

中华人民共和国成立后，工厂全面开工，父亲被调入机修车间，他提出要把姓名改过来，单位领导认为，现在的名字已经叫习惯了，即使改回原来的名字，别人还是会记得现在的名字的。父亲几十年来一直在工厂工作，堂叔爷爷给他起的名字也就一直沿用至今了。

在化工厂，父亲从学徒开始，脚踏实地，一步一步走上技术岗位，负责全厂的设备管理。

几年过后，父亲在别人的介绍下认识了母亲，便有了我们现在这个大家庭。

没有印象的爷爷和奶奶

我上小学之前，对爷爷和奶奶这个词，很陌生，甚至都没有概念。

我依稀记得有一次放学时，天空一下子就黑了下来，紧接着就是倾盆大雨。大多数同学都有爷爷、奶奶或外婆、外公来送雨伞。我和几个没有人送伞的同学，就把书包抱在怀里，冒雨往家里跑。虽然学校离家很近，但还是被淋了个落汤鸡，部分书本被淋湿了。

妈妈下班回来，我哭着问妈妈，别人都有爷爷和奶奶，我们怎么就没有呢？妈妈说："你爷爷奶奶1937年都被日本鬼子杀害了。你爸爸回家时，不要提起这件事。"从那以后，我对日本鬼子就非常憎恨。但当时年纪小，并不知道日军侵华给中国人民带来多么深重的灾难。

因为爷爷奶奶被日军杀害的原因，所以，只要听说有打日本鬼子的电影，我都要去看。《小兵张嘎》《地道战》《地雷战》《李向阳进城》……我是从日本兵对中国老百姓烧杀抢掠、无恶不作的影片画面中，开始逐渐了解日本侵略军的暴行的。

上小学时，学校会定期举办忆苦思甜活动，邀请一些在旧社会被剥削的穷苦人到学校来给我们做报告，让学校里的孩子们不要忘记过去，珍惜今天的幸福生活。

企业也同样举办一些类似追忆过去的活动，有一天，父亲下班回来，脸上阴沉沉的，到吃饭时间，他也不吃饭，说没胃口。后来妈妈告诉我们，他昨天参加活动，讲述了1937年家人被杀害的事情，所以，心里很难过，情绪很难平复。

"爷爷奶奶被日本兵杀害"，是我们当时所知道的所有关于我爷爷奶奶的故事。因为母亲不让我们兄弟姐妹打听这件事情，这是我家几十年来都不敢触及的一个话题。

在我的印象中，对清明节的认知只是界定在它是一个风俗，当外婆去世后，我才真正理解了清明的含义，它是生者寄托对死者怀念的特殊日子。而在此之前，我们家是从来都不过清明节的。

后来我才知道，之所以这么做是怕引起父亲的悲伤。父亲就是这样，将那段深入骨髓的伤痛深深地包裹在心底，艰难地度过人生的每一天的。

遇难者后代的情感缺失和遗憾

童年的父亲目睹了血腥的屠杀，亲人的瞬间离去，给他的心灵带来的是难以弥合、难以想象的创伤。屠杀的场景就仿佛是梦魇，挥之不去。他的脑海仿佛被植入了永不消失的电影胶片。这种痛苦的摧残好比身体被注射了毒品，不时地发作。

弗洛伊德说过：“人的创伤经历，特别是童年的创伤经历会对人的一生产生重要的影响。悲惨的童年经历，长大后事业再怎么成功，生活再怎么美满，心里都会有个洞，充斥着怀疑、不满足、没有安全感……”

在我的成长中，父亲给我的印象是很少有笑脸的。

童年的苦难，占据了他的内心。

笑由心生，一个人内心塞满了痛苦，笑又从何而来呢？

由于父亲的笑容难得让我一见，使我从小到大对他没有那种女儿对父亲应有的亲近感。在我心里，父亲对他的四个孩子始终缺失了一些作为父亲应有的东西。

另外，由于我的爷爷和奶奶都非命于 1937 年 12 月 13 日，所以，在我们的成长过程中，缺失了爷爷、奶奶对我们的陪伴，都是外婆毫无怨言地扮演起爷爷、奶奶的角色，给予了我们无限的关爱。

但是，对父亲和爷爷奶奶情感的缺失是我们家兄弟姐妹四人终身的遗憾，我们不但缺失了很多本应得到的亲人的亲情和关爱，我们也为无法对南京大屠杀中惨死的长辈们尽孝道而深深地遗憾。

说起儿时让我印象最深的人，那应该是我的外婆。

我们有一个值得我们兄弟姐妹都非常尊敬和爱戴的外婆。外婆家在无锡，因为父母平日工作繁忙，我们兄弟姐妹都是外婆带大的，所以我们和外婆的感情特别深厚。

我是上幼儿园大班后才回到南京父母身边的。那时，外婆隔一段时间就会带我回南京看望父母，那时我对父母的感觉就像跟外婆走了趟亲戚，会催着外婆带我回无锡，在我心里，无锡外婆家才是我的家。父母见到我后，很高兴，会带我去照相馆拍照，给我买零食，买新衣服。尽管这样，我还是对父母没有多少感情，没有表现出一般孩子对父母的依恋和亲近感。在我的心目中，外婆始终是我最亲近、最依恋、最喜欢、最崇敬的人。

外婆的人缘特别好，每天晚上，邻居们就会手捧着茶杯上外婆家聚会聊天，外婆家就如同茶社，外婆会为客人准备红茶，并且不断烧开水给客人续杯。

我就是在这种和谐的氛围中，跟随外婆度过了我的幼年时光。

不仅是我深爱外婆，我们家兄弟姐妹对外婆都十分深爱和崇拜。外婆尽管离开我们快 30 年了。但是，外婆那始终面带的笑容、为人处世的大度，衣着整齐、喜怒哀乐不形于色的形象，却永远都活在我们心中。直到今天，我们都有一个不成文的约定，每年清明，我们已经成家的兄弟姐妹 4 家人都会约好时间一起去给外婆上坟，表达对外婆的崇敬和怀念之情。

1965 年，常志强的四个子女与外祖父、外祖母的合影

多才多艺、严厉的父亲

我的母亲贤惠、聪明、漂亮。父亲却是个非常严肃的人，笑脸很少。

但是，星期天只要有时间，父亲就会带着全家去公园玩，还会给孩子们买小零食。

父亲给每个孩子买的零食都不一样。比如，我小时候特别喜欢吃咖喱牛肉干，父亲就会按照我的想法，给我买一包。但是他会让我分给大家品尝，那时我很不情愿，心想每个人都有自己喜爱的零食，为何要让我把东西分给别人吃呢？为了抗议不满，我就干脆不拆开牛肉干的袋子。

常志强与妻子冯淑霞（摄于 1953 年）

父亲自有办法让你自觉地把东西拿出来给大家分享。他见我不理睬，就温和地跟我说：“我给你讲个故事，你想不想听？”小孩子都喜欢听故事，我也不例外，点了点头说：“好。”他就给我讲孔融让梨的故事。故事讲完了，他问我：“孔融四岁就知道让梨，是一个懂得谦让懂事的好孩子，你愿不愿意向他学习，做个好孩子呢？”

被他这么一问，我就不得不拿出牛肉干和大家分享了。

父亲教育我们的方式很特别，当几个孩子在一起时，他不是从大孩子开始教育，而是从最小的孩子开始教育。找最薄弱的突破口，最小的孩子都能做到谦让，大的孩子还好意思不谦让吗？所以，我往往成为被他最先教育的对象。

父亲为了让我们有安全防范意识，他会设置一些小场景，让孩子们增强安全防范意识。我刚从无锡来南京上幼儿园那年，当时我家住四楼。一个星期天的上午，父亲让我一个人在家，他们一会就回来。我在家里的水池里放入半池子的水，站在小木凳上，把父母给我买的黄色的塑料小桶、红色的小扁担、绿色的小盆、小搓衣板放在水池里，一个人尽情地自娱自乐。忽然，发现客厅有响声，我过去一看，有一只绿色球鞋在客厅的地下，我又爬上小凳，继续我的玩耍。客厅又有响声，我又过去看了看，发现又多了一只绿色球鞋，这下我有点紧张了，每个房间都去看看，发现没有人，阳台上也没有人，我把大门关上了，继续玩。没过几分钟，父亲敲门，让我开门。父亲进屋后，就问我地上的鞋子是怎么回事，我告诉他听到两次响声，每次就是一只鞋。父亲告诉我是他扔的两次鞋子，就是想看看我对此会怎么做，目的就是让我今后一个人在家时，要记住关上大门，防止坏人进屋。父亲还当场表扬我警惕性高。

在日常生活中，父亲还培养我们的自理能力，记得我上小学二年级的时候，父亲就让我放学回家学烧饭。

我放学回家的第一件事，就是打开煤炉的门，接着用铁罐子从米桶内取出一铁罐的米，然后再取半铁罐的米放入钢筋锅内，用自来水把米淘干净，再放入一定量的水就可以煮饭了。这一定量的水的标准，是父亲用一根竹筷子做的放水的量尺，我就根据竹筷上面刻的标志，来放水煮饭。一条横线就是用来煮干饭的放水标量，两条横线就是用来煮稀饭的放水标量。父亲还告诉我，煮稀饭就只要从米桶内取出半铁罐子的米。

米饭煮得快干汤了，就要把煤炉的门关得只留一条缝隙，把煮饭的锅端下来，在炉子上放一块比炉子直径略大点的铁皮，然后再把煮饭的锅放在铁皮上，把饭焖熟。

煮稀饭就更麻烦了，稀饭一滚锅就要把炉子的炉门关小，只留一点缝隙，然后煮饭的锅盖也要用一根筷子支起来，这样稀饭在煮的过程中才不会有米汤溢出来。

但是对于当时还是孩子的我来说，刚开始感觉做饭挺新鲜，几天下来，新鲜感没了，就感觉是负担了。

看看身边的同学都有爷爷或者奶奶烧饭，做完作业就可以出去玩，自己却不能出去。当时就特别羡慕有爷爷奶奶的孩子。

父亲每到星期日还会安排我们几个孩子打扫家里的卫生，擦桌子、擦窗户、扫地、拖地、清洗抽水马桶和浴缸。刚开始，每到星期六的晚上就开始发愁，星期天上午该先干些什么，后来久了，也就没有那么惧怕了，分到任务赶紧做，也没有觉得多么苦。一个人的好习惯真的是被培养和被逼出来的。

父亲常志强画的铅笔画很生动，几笔就可以画出一只活泼可爱的小兔子。他的折纸也令人爱不释手。

记得小时候的一天，我刚从无锡到南京，妈妈之前买好的电影票正好是那天晚上的，一听妈妈要去看电影，我也闹着要跟着一起去，父亲为了能让她静心看一场电影，示意妈妈不要带我去，让她悄悄出门。我父亲拿了一支铅笔和一些纸，他在纸上给我画了一只可爱的小白兔，我央求他画一只大公鸡。就这样，妈妈悄悄地出了家门去看电影了。当发现妈妈不在家后，我就开始又哭又闹，父亲拿来几颗糖果，他剥开一粒糖给我吃，然后用纸为我折叠了小宝塔、小船、小鸟、小衣裳、小裤子……特别是用包裹糖的纸头为我折叠出一个穿着小裙子在跳舞的小纸人，很漂亮。他说，小纸人都不哭，你还哭啊。就这样把我哄得不再哭闹了，直到妈妈回来。

我后来特别喜欢画画，我想应该是童年受到父亲的影响吧。

父亲常志强对待工作认真负责，一直兢兢业业，他撰写的工业设备技改方面的文章，得到领导的重视，他的文章当时在化工部产生了一定的影响。

父亲很少管我们几个孩子，我们调皮犯错时，一般都不会挨打，只会受到罚跪思过。但是，如果犯了原则性的错误，也会挨揍。

记得我上小学二年级时，学校门口每天都有小商贩用报纸包裹着的猫耳朵（年糕切片晒干后，装入封闭的压力锅，压力锅在炉火中摇转，压力表指示到应出锅的压力，就开锅，“砰”的一声，猫耳朵就出炉了），为了吸引小学生去买，小贩在这些食品包装中放入用铁皮制作的小口哨、小铲子等来诱惑小孩子们。

父亲从来不允许我们购买小贩的食品。小贩的猫耳朵对我没有诱惑力，家里都有，要吃零食都是父母买回来给我们吃。但我特别想得到小口哨，我知道跟父母说，他们也不会同意的。记得一个星期天的上午，母亲烧菜时发现酱油没有了，父亲就给了我两角钱，让我去打酱油。

当我到食品店门口时，隐约听到小贩的吹哨声，我站在柜台前犹豫再犹豫，最终打了一角五分钱的酱油，留下五分钱。我当时没敢去买想要的东西。回家后，父亲问我买了多少钱的酱油，我告诉他两角钱的，他的脸立刻阴沉了下来。我吓得赶紧把五分钱拿了出来，他拿来毛巾抽了我几下，嘴里念叨："勿以恶小而为之，必须让你长记性。"不但挨了打，还罚了跪。这件事，真的让我记了一辈子。

记得上小学那年的冬天，一个星期天，雪下得很大，父亲常志强带我和姐姐去新街口青石街的亲戚家玩。在新街口下车后，当走到当时的大三元门口时，我感觉棉鞋都湿了，怎么也不愿意走了。我跟父亲说："我的棉鞋都湿了，走不动了。"父亲听了我的话，只是看看我的鞋说："一会就要到了。"他自己就继续往前走，我内心是想让他背着我走，可是他却自顾自地往前赶。于是我就原地站着不动。姐姐看我一动不动，就说："我背你走。"我在姐姐的背上委屈地哭了。那时，我对父亲没有任何的亲切感，只有畏惧。

但是到了每年的春节，我还是挺喜欢父亲的。他会用糯米粉为我们每个孩子捏制一个个生肖属相，告诉我们又长大一岁了。他捏制的生肖属相栩栩如生，我们兄弟姐妹几个都不舍得吃。

父亲还会给我们做油炸芝麻小馓子，馓子造型很漂亮，像一个个不同形状的小蝴蝶结，很有艺术感。既好看，又好吃，特别酥脆。他还会用一只大砂锅为我们酿制酒酿，为我们做桂花酒酿小元宵，非常好吃，酒酿甜甜的，桂花香香的，元宵糯糯的，红绿丝酸酸甜甜的。现在想起来都垂涎欲滴，回味无穷。

父亲常志强还会带我们到夫子庙，给哥哥买空竹，为我和姐姐买荷花灯、兔子灯。还买各种零食小吃。

父亲的空竹玩得特别好（抖空竹亦称“抖嗡”“抖地铃”“扯铃”，这是一种中国传统民间游戏，以竹木为材料制成，竹盒中空，有哨孔，旋转发声，因而得名为空竹），他会抖出各种花样。闲暇时间，他会耐心地教我和哥哥们学习抖空竹。

我们家平常做饭做菜都是我妈，但是过节的时候，父亲就登场了。他会做各种好吃的菜，比如糖醋鲑鱼、熏鱼、虾饼、腐乳肉、豆腐皮包肉……每道菜都色香味俱全，装盘也很讲究，就像艺术品。

清蒸鲥鱼更是美味，鱼身上的鳞片最为好吃。父亲单位有个船运部门，企业生产的化工原料有的是通过船运输出去的。我们家有个邻居就是船员，他会从渔民那里买到新鲜稀有的水产品，一条2尺多长的鲥鱼我们两家分。

现在回忆起来还是那么美好。

每到学校放寒暑假，我们几个孩子都会被父亲安排抄写毛主席语录，他也会让我们阅读文学书籍。他给我们买来许多书，如《李时珍》、高尔基的《母亲》、《普希金诗歌》、《钢铁是怎样炼成的》、《雷锋的故事》……也会买些小人书，如《西游记》《哪吒闹海》《太平天国》《十月革命》《敌后武工队》等，让我们从小就养成读书的习惯。

小时候，我们兄弟姐妹几个都对父亲很敬畏。即使想要个小脾气，也只能背着他发泄。

现在，我们兄弟姐妹在生活上已养成独立、勤劳、积极向上、吃苦耐劳的品质，我们对待生活的态度和好的生活习惯应该还是孩提时代受到父亲的影响的。

第三章

老年的父亲

老年的父亲常志强，以侵华日军南京大屠杀遇难同胞纪念馆作为精神之家，他的精神生活就以此为中心。他经常一个人跑到纪念馆看一看，走一走，因为他的亲人们的名字都镌刻在纪念馆的那面“哭墙”上。他曾经走过的路，都清晰地印在自己的脑海里。多少的伤心痛苦，多少的无可奈何，多少的思念苦楚都可以面对这面墙向亲人们诉说。

面对冰冷墙壁上的一个个名字，父亲一次次泪眼模糊。尽管如此，这里却是他的内心精神场所。

1985 年 8 月 15 日，政府建成开放的侵华日军南京大屠杀遇难同胞纪念馆（以下简称纪念馆），它是建立在 1937 年侵华日军江东门集体屠杀中国人民的“万人坑”之上的。

2017 年 11 月 27 日，常志强在侵华日军南京大屠杀遇难同胞纪念馆参加新华社微电影的拍摄

纪念馆承载着幸存者悲痛的血色记忆，还原 1937 年的真实场景，凝聚着受害家庭的记忆，南京城市的记忆，国家屈辱的记忆。

纪念馆建成那一年，我们认为，对父亲常志强来说，应该是一件最为高兴的事情吧？因为有了一个可以倾诉内心世界的地方……

父亲很想去看看，但是他却放弃了。他说："我不想去，一到那里就会想起遍地的尸体，满眼的血腥，实在不想去回忆。"

直到 1997 年，父亲在电视播放的新闻里，看到日本右翼势力否认侵华日军南京大屠杀的罪行，他愤怒了，一夜未曾合眼。第二天，他就把写好的材料送到侵华日军南京大屠杀遇难同胞纪念馆。“他们不是不承认吗？我活着，这就是见证。”

1937 年 12 月 13 日那一天，对父亲来说，就是魔咒，

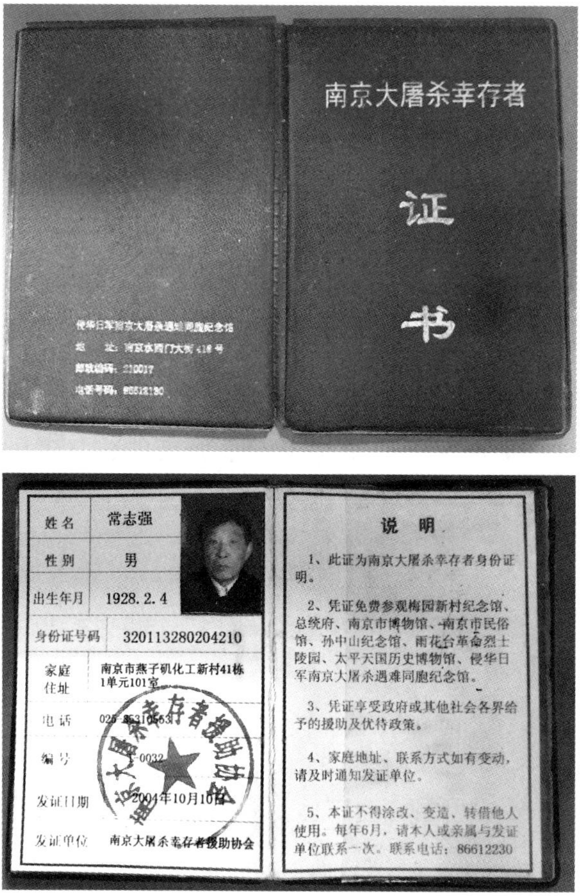

常志强收藏的南京大屠杀幸存者证书

他不敢去触碰那包裹的内心，触之即痛。

我很难想象，父亲作为一个9岁的孩子，目睹亲人们瞬间一个个惨死在日军的屠刀下，那种血腥场景对他心灵的伤害到底有多深？几十年来，他是如何以顽强的意志力生活下去的？

今天，为了见证那段历史，他又以怎样的勇气，把紧紧包裹了几十年的记忆打开。这意味着他将接受一次次撕心裂肺的心痛。

后来，在侵华日军南京大屠杀遇难同胞纪念馆原馆长朱成山一次次的鼓励下，父亲常志强终于面对镜头，面对采访者，诉说1937年12月13日他所见到的那一幕幕恐

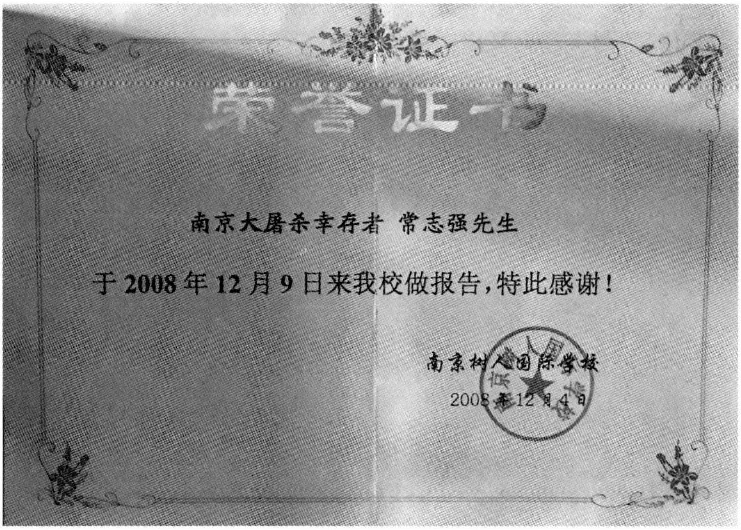

南京树人国际学校给常志强颁发的荣誉证书

怖和血腥的场面……

2007 年 12 月，扩建后的纪念馆新馆落成。在这座宏大的纪念馆中，所有的个体记忆、集体记忆共同汇聚成一座城市的记忆，一个国家的记忆。

侵华日军南京大屠杀遇难同胞纪念馆原馆长朱成山说:“南京大屠杀这段历史是中华民族苦难史的一部分。问题是如何将民间的记忆，汇聚成国家的记忆，并且如何在国家的设施中，体现出强烈的中国民间呼声。当我们把民间的记忆与呼声和南京大屠杀历史联系在一起的时候，我们就会有一种民族责任感和国家责任感。这种责任感促使我们加倍工作、勤奋思考，把纪念馆作为国家记忆、民族记忆的载体来建设。”

2014 年 2 月 27 日，十二届全国人大常委会第七次会议通过决定，从 2014 年起，每年的 12 月 13 日设立为南京大屠杀死难者国家公祭日。

当父亲得知这一消息时，非常兴奋。在他看来，1937 年 12 月 13 日这一天，自己的家恨已经上升到国仇。他自己的记忆，已经上升到国家记忆。现在，中国已经强大起来了，祖国的强盛使得历史的悲剧一去不复返了。这是自己的亲人和死难的同胞在天之灵得到最大的慰藉了。能让更多的人了解这段血色记忆，反思战争的血腥与恐怖，以及给人类带来的创伤。警示人们远离战争，不让自己的苦难童年再次重演，这是一件多么令父亲激动的一件事啊！

对南京大屠杀这段记忆的追踪调查，几乎在大屠杀发生的同时就开始了，并一直延续到今天。时至今日，中国人用各种方式，包括日记、书信、报告、呈文、审判、立碑、写书、著史、口述历史以及建造纪念馆等，来保存这段记忆。

在今天纪念馆的雕塑广场上，我们可以看到一个标志性的雕塑——母与子。在一组组逃难的人群中，有一组雕塑格外让人震撼。母亲倒在血泊中，挣扎着用最后一点力气去给哭叫的儿子喂奶，终于因流血不止而死去，而可怜的孩子还浑然不觉，使劲地吮吸母亲的乳汁，在寒冷的冬

侵华日军南京大屠杀遇难同胞纪念馆广场上的《最后一滴奶》雕塑，向世人诉说着常志强一家人的悲惨遭遇

日里，两人很快地冻在了一起。这对死难者母与子的原型就是我的奶奶与我的小叔叔。他们的旁边还坐着一个大一点的孩子在无助地哭喊，这个孩子的原型就是我的父亲常志强。

这组雕塑坐落在侵华日军南京大屠杀遇难同胞纪念馆广场，让无数中外参观者立足停留，为之动情。

2006 年，侵华日军南京大屠杀遇难同胞纪念馆王伟民副馆长接待了一位日本东京芭蕾舞剧团的团长，当他们来到《最后一滴奶》的雕塑前，王伟民副馆长向日本东京芭蕾舞剧团团长介绍这组雕塑的创作，是以幸存者常志强的亲身经历为题材而创作的。当这位芭蕾舞剧团团长听完介绍后，立即被这组雕塑中人物的悲惨遭遇所震撼。当时就跪在该雕塑前祈祷。

这组雕塑虽然是我父亲个体经历的真实故事。但是，它反映的却是 1937 年千千万万妇女和儿童倒在血泊中的场景。同时，像我父亲这样死里逃生的孩子，他们以坚强的意志活下来，并且生生不息地延续了生命，更体现了人性的光芒，生命的坚韧。

此雕塑是由全国政协常务委员、中国美术馆馆长、中国美术家协会副主席、中国城市雕塑家协会主席、中国雕塑院院长吴为山教授，以父亲常志强的遭遇为题材精心设计创作的。据吴为山教授回忆：当年，他为了创作这组雕

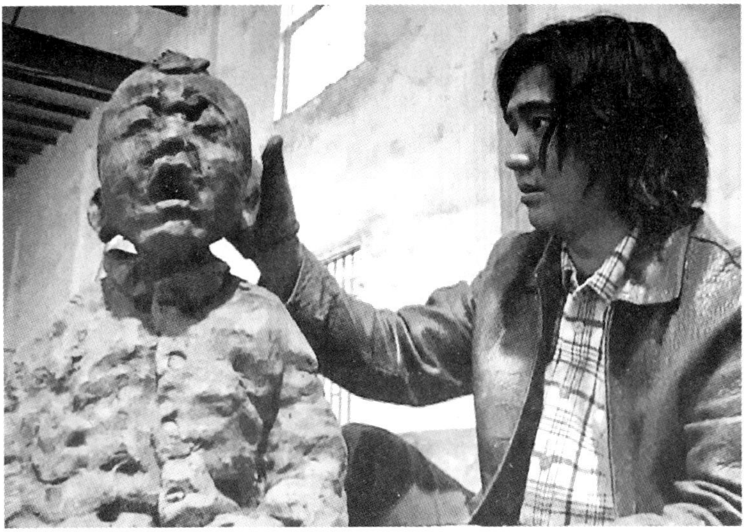

雕塑家吴为山在创作童年时代常志强的雕塑

塑，采访过当时年已 80 岁的常志强。常志强讲起这段往事的时候，老泪横流，多次中断谈话。虽然这段经历已经过去那么多年，但是这些痛苦的记忆，在他老人家的心中永远不可抹去。

吴为山教授说，这个故事便是 1937 年 12 月 13 日南京大屠杀中的一幕，故事中的遇难者便是常志强的亲人。雕塑体现了母亲与孩子共同受难：一边是爱，一边是恨；一边是手无寸铁的妇女和儿童，一边是荷枪实弹的日本侵略者。所以，此雕塑不仅仅有人物的对比，更富有情感的对比，视觉上的冲击力令人震撼。常志强当时还小，只能坐在旁边痛哭。这组雕塑把常志强一家的遭遇通过青铜永远凝固在那里，刻在了常志强老人的心中，刻在中国人民的苦难史上，也刻在了日本侵略者的侵华史上。

被尊重的确是一件让人心情舒畅的事情。尤其像父亲这样有过特殊经历的人，对“尊重”看得更重。侵华日军南京大屠杀遇难同胞纪念馆的领导和工作人员，对每一位幸存者都很尊重和关心。

父亲常常一个人去纪念馆那儿，我想他在思念亲人。他去了，心才安；心安了，觉才睡得踏实。

为了铭记，父亲开始讲述

从 1997 年开始，父亲常志强终于打破半个多世纪的沉默，开始向人们讲述那段让他痛彻心扉的苦难遭遇。

为了让中国人和外国人能够铭记这段历史，父亲开始参加纪念馆的各种活动，不断反复讲述那段血淋淋不堪回忆的历史。每一次的讲述，都好比是揭开结痂的伤口，让自己的鲜血再流一次。每讲述一次，父亲就难受一次，落泪一次，他常常为此茶饭不思。

2005 年 12 月 9 日至 16 日，父亲常志强同纪念馆副馆长王伟民，中国第二历史档案馆研究员郭必强一起去日

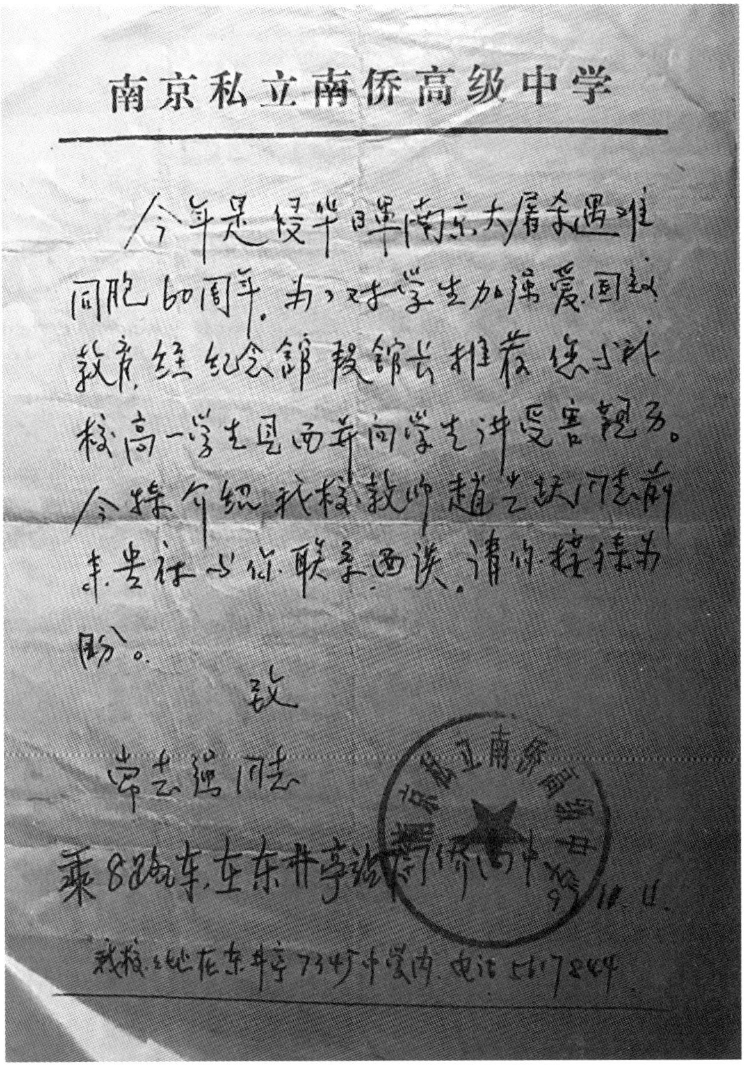
南京私立南侨高级中学

今年是侵华日军南京大屠杀遇难同胞60周年。为了对学生加强爱国主义教育，经纪念馆段馆长推荐您与我校高一学生见面并向学生讲受害经历。今特介绍我校教师赵芝玫同志前来贵府与你联系面谈，请你接待为盼。

致

常志强同志

乘8路车，在东井亭站南侨中学

97.10.11

我校地址在东井亭73号中学内 电话5417844

1997年11月4日，常志强应邀参加南京私立南侨高级中学举办的爱国主义教育活动本的长崎、冈山、熊本进行证言集会与和平交流。

据纪念馆副馆长王伟民回忆：父亲常志强在日本的证言集会上，在讲述自己1937年12月13日的亲身经历时，情绪很激动。每次都会控制不住自己的情绪，声泪俱下，场面十分感人。

以至于在场的观众都在一边听一边抹眼泪。会场上，父亲与日本学生、妇女的对话、提问互动的环节很多。

父亲在日本熊本县证言集会时，还受到日本右翼势力的干扰。当时，日本右翼势力的人员开了三辆汽车到会场附近的马路上，用高分贝喇叭对会场外围进行巡回干扰恐

2005年12月11日，常志强（右二）与侵华日军南京大屠杀遇难同胞纪念馆副馆长王伟民（左一）、南京第二档案馆研究员郭必强（右一）在日本熊本证言集会上

吓，现场还有几个老兵穿着日本的旧军装来回走动，企图阻止人员进入会场。但人们还是井然有序地进入会场，会场内秩序良好，父亲的讲述及其与日本民众友好的互动并未受到影响。

2006年，父亲应美国导演比尔·古登泰格的邀请，参与拍摄了纪录片《南京》。父亲在纪录片《南京》拍摄中的每一次讲述，都让在场的拍摄人员为之动情。

比尔·古登泰格导演在后来的采访中说道："回忆起来，对我来说，这是我此生听到的最为震撼的故事。翻译哭得非常厉害，已经无法再继续翻译下去。"

"后来，我们的翻译回来了，他们翻译了那个故事，听到故事后，我开始哭泣，我把目光投向摄像师，摄像师也在哭泣，我们所有的人都被打动了，这种力量无比震撼。我的任务是在剪辑的时候保存这股力量，并把它注入电影之中。"

作为一位曾两次获得奥斯卡奖的纪录片导演，比尔·古登泰格深知南京大屠杀幸存者的声音，在八十多年后的今天，变得越来越重要："这些故事最后会变得久远，但这并不意味着它们的重要性会因此减弱，这是世界历史的一个重要时刻，而且我认为应该去认真聆听幸存者的声音，我们对此要竭尽全力，使那些声音延续下去。"

2006年，在纪录片《南京》的拍摄中，常志强在向美国导演比尔·古登泰格（中）及该片的联合制片人冯都（右）讲述自己的经历

父亲常志强还参与拍摄了六集电视纪录片《1937·南京真相》的第二集《血海金陵》，第三集《尸山记录》。第五集《为了和平》等。

《南京大屠杀》（张纯如著）涉及14位幸存者，父亲是其中一位。

新闻调查特别节目《南京：记忆七十年》涉及两位幸存者，父亲是其中一位。

展陈影片《慈善团体掩埋尸体》，涉及一位幸存者，就是我的父亲。

纪念抗日战争和世界反法西斯战争胜利五十周年专

题片《南京大屠杀——幸存者的见证》涉及20位幸存者，父亲也是其中之一。

2014年11月25日，新华通讯社江苏分社的蒋芳记者和我联系，她说："明天我会去你父亲那里做个采访。"她让我把父亲的地址，用短信的形式发给她。

第二天，我一大早就赶到父亲家。记者蒋芳，还有她的同事韩瑜庆和李响也一同去了父亲那里。

他们采访父亲的话题是：1937年12月13日那一天发生了什么？

父亲常志强就向他们讲述了他一辈子刻在记忆里，噩梦般不堪回忆的苦难经历。

那也是我第一次听到父亲讲述那天他们一家人的不幸遭遇。

当时，我内心其实很担心父亲，这么多年了，他还能记得那么清楚吗？那可是77年前的事。

当时父亲已经86岁了，经常忘事，我便把记者韩瑜庆喊到一边，把我的担心给他说了，韩瑜庆听了我的话后说："你放心，老爷子都记得很清楚。"

真像韩瑜庆所说的，父亲都一一记得。

2014年12月，新华通讯社江苏分社记者去内桥附近的王府园，对父亲他们家当年遇害的现场进行现场采访与拍摄，我和父亲也应邀去了王府园。

常志强老人去王府园指认当年亲人遇害现场

2016年，常志强和小女儿在王府园

当时我很担心父亲对这段记忆能否完整，能否不做跨时代串接。

当我们来到王府园时，父亲仿佛触电似的，滔滔不绝地告诉我们，“这里曾经有一个王府的花园，离这里不远处还有一个学校，我们家人当时就是在这附近被日军杀害的……”

这是我第一次去王府园。想到我的爷爷、奶奶、四个叔叔都非命于此，我的心情很沉重。

在王府园巷内，我不由自主地敲开了一户人家的门，开门的是一位中年男同志。我说：“您好，请问您是这里的老住户吗？”

他说：“是的。你要打听什么事情？我们家在新中国成立前就住在这里了。”

听他这么一说，我心里有一种求解时找到答案的兴奋。便说：“你知道日本兵占领南京时，这里被杀死了很多人吗？”

他说：“听我爷爷和父亲说过，当年这里被日军杀了很多人。这里的很多老房子都被拆掉了，盖了新房子，就我住的这边还没有被拆迁。”

听了中年男子的话，我更有一种冲动，想了解一下，还有多少人知道这里曾经发生的血腥屠杀。

我看见一对上了年纪的老夫妻刚好经过，便上前问道:“老师傅，你们是住在这附近的吗？”

老先生说:“是的，就住前面这条路边。你有什么事情？”

我问道:“1937 年，在这里被日军杀害了很多人，您知道吗？”

老先生说:“前几年这里拆迁还挖出很多死人骨头和大刀呢，住在这里的老人都知道这件事。”老先生的话让我有一种毛骨悚然的感觉，我父亲的亲人就非命于此，这里曾经有多少死不瞑目的亡灵啊。

我父亲与他的亲人们遇害现场的房子虽然拆了，但是，在父亲的脑海里，还是如此清晰地呈现出当年的画面。我对父亲记忆的担心已经是多余了。他儿时的那一天的记忆，真的是被雕刻得太深了……

2015 年，美国南加州大学 Amanda Pope 教授来南京采访我父亲，拍摄了纪录片《Two sides》。

父亲频繁应邀参加社会活动

2016 年初，父亲应江苏省广播电视总台（集团）纪录片创作中心的邀请，参与拍摄了五集电视纪录片《幸存

2016 年 10 月，常志强在侵华日军南京大屠杀遇难同胞纪念馆参加纪录片《常志强——被雕刻的记忆》的现场拍摄

者——见证南京 1937》的第二集。因为有了这次的全程陪同和参与，让我对父亲童年的苦难遭遇有了更为深刻的了解，也让我能够包容了之前对父亲的诸多不理解。

2017 年 10 月，父亲再次应江苏省广播电视总台纪录片创作中心的邀约，参与拍摄了《血色 1937——最后 100 位南京大屠杀幸存者影像》。

2017 年 10 月 18 日，父亲在南京凯铂锐晶酒店接受了中央人民广播电台记者周彬的采访。

2017 年 9 月的一天，新华通讯社江苏分社的蒋芳打电话给我，问我父亲最近身体的健康状况如何。她告诉我，新华社目前准备拍一部微电影，想请我父亲去参与拍摄。我向她了解拍摄的内容，她告诉我说：“大致是你父亲和一个‘95后’大学生的对话，现在正在筹划当中。”

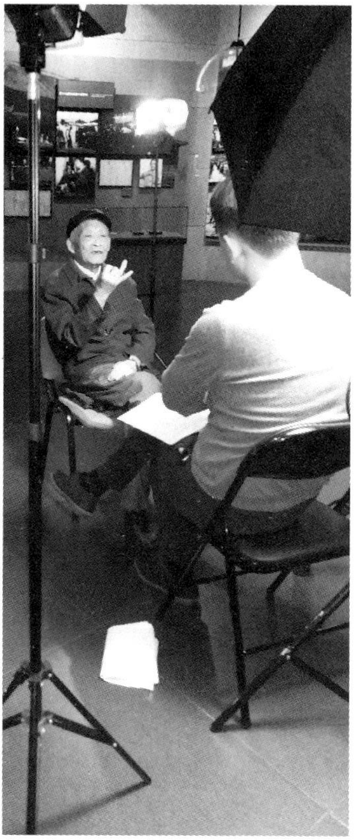

2017年，纪录片《常志强——被雕刻的记忆》总编导戴波在采访常志强

全片虽然只有10分钟，但摄制组却通宵达旦拍了好多天。在拍摄过程中，记者蒋芳和夏鹏几乎全程陪同，正是因为有他们这些有使命感的青年记者的努力和付出，才使得这段80多年前的历史让我们近距离地穿越，促使我们时刻警醒。

拍摄组是一个年轻的团队，从导演到摄影师、录音师、灯光等工作人员几乎全是年轻人。

2017年12月12日下午14：36，蒋芳用微信发消息给我：

1. 时间：12月12日晚六点半

2. 地点：新街口苏宁影城（南京苏宁生活广场2楼）1号厅。

她告诉我微电影已制作完成，希望我能陪父亲一同去看首映。后来我考虑天气寒冷，就没有让父亲和我一同去看首映。

因为那几天我牙齿发炎在医院挂吊瓶，从医院出来，赶到南京苏宁生活广场时间已经是18:27，还好，卡点到达，没有迟到。

新华通讯社江苏分社副社长、总编辑李灿，副总编辑蔡玉高和记者蒋芳，以及拍摄组的导演姚伟、摄影师黄园等都到影院了。摄制组是特地从上海赶过来的，当导演姚伟和摄影师黄园看到我后，就问我："你父亲来了吗？"我说："天冷，没让他来。"黄园说："待会你看看片子拍得如何？"当时银幕上正在放映影片的片花海报，题目是《每个人的"12・13"》，我便说：标题就很好，有警示的含义，又有生活气息。

这部10分钟的微电影，看完后给人的感觉是无论从立意，还是艺术的表现形式上都是一种创新。

片子的主旨在告诉我们：在高度物质化的今天，迫切需要给年轻一代精神上的正确指导。同时给了我们警示：要居安思危。

该影片开始是一只洁白的和平鸽翱翔在天空，随着一声枪响，和平鸽洁白的羽毛上瞬间沾满了鲜血，片片羽毛随风而落。随着一只摇鼓的坠落，一个婴儿哇哇地大声啼哭。和平鸽象征太平盛世，一声枪响意味着战争，战争让生灵涂炭。摇鼓坠落，婴儿啼哭，预示着战争让新生命从诞生就面临着灾难。

影片通过我父亲作为一个大屠杀幸存者的回忆开始说起，接着是“95后”的大学生周昱羽对“南京大屠杀和我有什么关系”的追寻，向人们揭示“12月13日是我们共同的记忆”这一主题，告诉人们：“只有人人都汲取战争的惨痛教训，和平才是有希望的”这一道理。

2017年12月3日，父亲参加“铭记历史 阔步前进——悼念南京大屠杀遇难同胞80周年沿江凭吊健走活动”。

2017年12月8日，父亲应邀参加南京夫子庙小学在第四个国家公祭日来临之际，开展的“不忘初心、牢记使命”的主题活动。

在现场，父亲向小学生们讲述了南京大屠杀期间家人遭受侵华日军屠杀的经历。父亲还和孩子们一起在祈愿墙上留下心愿与祝福。孩子们给父亲戴上红领巾和他们一起合影留念，那一刻，父亲笑得特别灿烂。

南京夫子庙小学的高小丽书记为父亲常志强颁发了校外辅导员聘书。1937 年日军的侵华战争让父亲在这所小学被迫中止学业，今天父亲以老校友的身份，手捧学校颁发的校外辅导员聘书，心情格外激动。

2017 年 12 月 8 日，夫子庙小学聘请常志强为校外辅导员

在《幸存者——见证南京 1937》纪录片中，拍摄父亲在夫子庙小学上学的片段时，父亲神情骄傲地向江苏电视台摄制组人员讲述当年是如何被送进洋学堂读书的。父亲所说的洋学堂，也就是今天的南京夫子庙小学。说起这

段往事，他那种兴奋的神态，仿佛又回到了1937年12月13日之前的岁月。

父亲清楚地记得当年夫子庙的情景，他跟我们说，“过去夫子庙是很繁华的，外地人来了，都要到夫子庙玩。另外，白鹭洲公园也很漂亮，湖中有芦柴、荷花。人们都喜欢去那里游玩，我家住的就靠近那个地方。”

南京夫子庙名列中国四大文庙，是南京最负盛名的旅游景点之一，外地人到南京来，不去一趟夫子庙，总会觉得有一点遗憾。而对土生土长南京人的父亲来说，这里总可以唤起他许多儿时的记忆，那时夫子庙和现在一样热闹。那个广场很大，这里曾经是他的家，当年他的父亲在夫子庙开了一间小店谋生，这个小店就是夫子庙最热闹的一条巷子，叫石坝街。巷子里面还有一个小巷子，他的父亲就待在那个小巷子里头，巷子后面是白鹭洲公园。父亲还记得小时候喝过的汽水，他说当时的汽水还有压力，一开盖子，直朝外头冒气。

父亲告诉我们说：“我爸爸很喜爱看戏，他也懂戏，我喜欢和爸爸一道走，我从小就看了很多京戏。那时，如果有看不懂的地方，我就问爸爸，我爸爸会用讲故事的方式讲给我听。”

1935年，我爷爷戴英俊把父亲送到家门口的夫子庙小学读书，当年的夫子庙小学，借用了夫子庙学宫作为校舍。父亲当时七岁。他最早的启蒙教育是上了两年的私塾，私塾老师看父亲学得很好，建议我爷爷把他送到洋学堂去读书，父亲便考入了夫子庙小学。

那天在夫子庙拍摄，父亲跟我们说起他印象中夫子庙小学的样子："这个是大礼堂，里面都铺的方砖，大礼堂是我们学生上课时候集中的地方。同学们集中一起到大礼堂，然后拍手唱歌，拍手转，在里头转一圈半……"此刻，父亲滔滔不绝，他是如此喜悦，那眼神仿佛回到那时的童年时光。

在夫子庙游船上，父亲回忆起当年他的父亲扛着他看杂技，带他看京剧的场景。他还唱起了京剧《苏三起解》的片段。回忆起那段美好的童年岁月，竟然让年老的父亲如此开心，如此怀念。

但是时间到了 1937 年的暑假，九岁的父亲每天却是在日军的飞机轰炸下度过的。这也是他小学时代最后的一个暑假。而在这年冬天的 12 月 13 日，父亲沦为了孤儿，他喜爱的学堂再也不能跨入。

因为这次的全程陪同和参与，让我对父亲童年的不幸遭遇有了更清楚的了解，也让父亲这么多年在我们子女面前包裹的心终于能够敞开，拉近了父女之间的距离，我开始慢慢理解父亲了。

回忆和讲述对于今天年迈的父亲来说是残忍的，这需要他一遍一遍去揭开已经结痂的伤疤。但是父亲仍然坚持在讲述，向家族后代讲述，向中国人民讲述，向全世界讲述。为了这份记忆，为了这段历史，他一直在讲述的道路上徐徐而行。

2017 年 12 月 9 日，父亲常志强参加了由南京市委宣传部、南京市文广新局、南京出版传媒集团、侵华日军南京大屠杀遇难同胞纪念馆指导，南京报业传媒集团龙虎网、南京广播电视集团少儿频道等组织的“不可忘却的

2016 年，常志强在侵华日军南京大屠杀遇难同胞纪念馆接受采访后，和邀请方美国南加州大学犹太大屠杀基金会秘书长 karen 等合影

记忆——南京大屠杀史实”阅读寻访行动第六场的读书活动。

以上仅是我列举的从2016年初至2017年，父亲应邀参与的大部分各种社会活动，这些活动对于近90岁高龄的老人来说，支撑着衰弱的身体参加，已属相当不易。但为了让更多的人知道历史的真相，父亲还是积极地配合媒体、学校和机关等社会各方面的要求，发挥一位历史证人的光和热。

2018年4月28日，中国人民抗日纪念馆召开《激战倒春寒》新书发布会。作者朱成山向常志强赠送新书《激战倒春寒》

常志强应邀出席在中国人民抗日纪念馆举办的《激战倒春寒》新书发布会

父亲敬佩的日本友人松冈环

松冈环是一个用良心追问南京大屠杀历史真相的日本女性。她希望把南京大屠杀这段惨痛的历史告知身边的每一个日本人，1988 年，她抱着探寻历史真相的目的，开始了第一次南京之旅。在南京的所见所闻，改变了松冈环的生活重心。

30 多年里，她开始了不平凡的南京之旅——寻找和

2016年3月27日，日本友人松冈环去常志强家里看望这位南京大屠杀幸存者

采访南京大屠杀幸存者。在日本，她寻找和采访曾经参加过侵华战争的日本老兵。她用史实和人证来诉说南京大屠杀的惨痛历史。

经过30多年的不懈努力，松冈环获得了300多名南京大屠杀幸存者的证言。她还在日本采访了250名参与过南京大屠杀的日本老兵。

松冈环迄今以来一共出版了四部证言集，拍摄了三部纪录片。书中记录了很多南京大屠杀的历史史实，其中，日本老兵三谷翔对当年他在南京中山码头所看到的大屠杀惨案的回忆很详细。

在日本，松冈环一直与日本右翼势力针锋相对。她坚持在中日两国探寻历史真相，担负起将真实的南京大屠杀历史告诉日本下一代的责任。

我和松冈环的相识十分偶然，那天，她带着一个年轻的日本学生到父亲家采访，刚好那时我去看望父母，便和她们相遇了。松冈环给我的印象是热情、大方、随和、健谈。

当时，松冈环用中文和我交流基本没有什么障碍，对此，我好奇地问道："您年轻时就会中文吗？"

松冈环笑着很认真地告诉我说："以前我不懂中文，为了方便采访幸存者，更好地和幸存者交流，我到南京大学去进修了中文。"

短短几句话，让我对她肃然起敬。一位女性为了求真一段历史的真相，用自己的良知去寻求公证而竭尽全力，真的让人敬佩。

2014 年 8 月 15 日，我和松冈环又有了第二次的偶遇。那一天，松冈环和江苏省工会外事处的翻译盛卯弟一道去看望我的父亲，刚好我也在父亲家里。第二次见面时，我们相互就较为熟悉了，她邀请我第二天陪父亲一同去参加他们在南京虹桥饭店的一个活动。我爽快地接受了她的邀约。

第二天上午，我陪着父亲来到了虹桥饭店，刚出电梯门，采访的记者都围过来了。

父亲一下抓住了我的手，对我说："你不要走啊。"

2007 年 8 月 15 日，常志强（第三排左二）和希望之翼访华团团长高实康念（第三排右五）、松冈环（前排右五）在南京虹桥饭店

那眼神是我从未见过的，是乞求、是信任。

我连忙说："我不走，你放心。"这时，我才发现父亲已经老了，尽管他时常会在儿女面前说一些不服老的话，但是已经是心有余而力不足了。

从此以后，我开始陪同和参与父亲有关的活动。

在南京大屠杀幸存者联谊会上，松冈环将青年学生带到父亲身边，向青年学生介绍父亲的经历。

松冈环以幸存者联谊会的方式，让日本青年学生和日本友人与幸存者零距离接触，用和谐的氛围让幸存者感受中日人民的友谊，让日本青年和日本友人切身感受到那场战争给这些幸存者带来的伤痛。

父亲说：“松冈环是一个了不起的日本女性，她是用心在诉说历史的真相。”

2007 年 8 月 15 日，常志强（前排左二）在南京虹桥饭店参加南京大屠杀幸存者联谊会

父亲与美国郑洪教授《南京不哭》书籍

2016 年，美国麻省理工学院郑洪教授的《南京不哭》书籍要在中国大陆出版，郑洪教授受译林出版社的邀约回到中国。

郑洪教授为写这本书，曾在十年前来南京采访过我父亲。当五集电视纪录片《幸存者——见证南京 1937》的摄制组得到这一信息后，决定让两位老人再次见面。就有了 2016 年 6 月 23 日郑洪教授和夫人，在南京夫子庙和我父亲的那次见面。

当我得知译林出版社出版的《南京不哭》在南京出版发行时，我给郑洪教授发去邮件，告诉他，父亲希望得到由他签名的这本书。第二天，我就收到郑洪教授回复的电子邮件，他告诉我，已经让译林出版社的宋旸跟我联系，宋旸是《南京不哭》的责任编辑，她会给我寄一本由他签名的书。

2016 年 12 月 22 日，我收到了由郑洪教授签名的《南京不哭》一书。宋旸希望我父亲看了书后，能写几句读后感言，我答应她等书看完后，一定会让父亲写几句感言。

2017年6月4日，父亲为《南京不哭》一书，写了读后感言："十年前的一次采访，十年后的一本书。赤子之心，不忘历史，爱我中华。"

我把父亲的感言用手机拍照，将拍好的照片通过微信发给了宋旸，宋旸收到后非常高兴。让我没想到的是，2017年8月《南京不哭》第二次加印时，腰封上已经有了父亲的感言和物理学家杨振宁教授的感言。

杨振宁教授说："我们中国人在第二次世界大战期间所受的苦难比犹太人少吗？为什么在世界上我们的作品却这么少？这恐怕值得我们反思。所以我很感谢郑洪教授历经十年，用中英双语写了这样一部小说。"

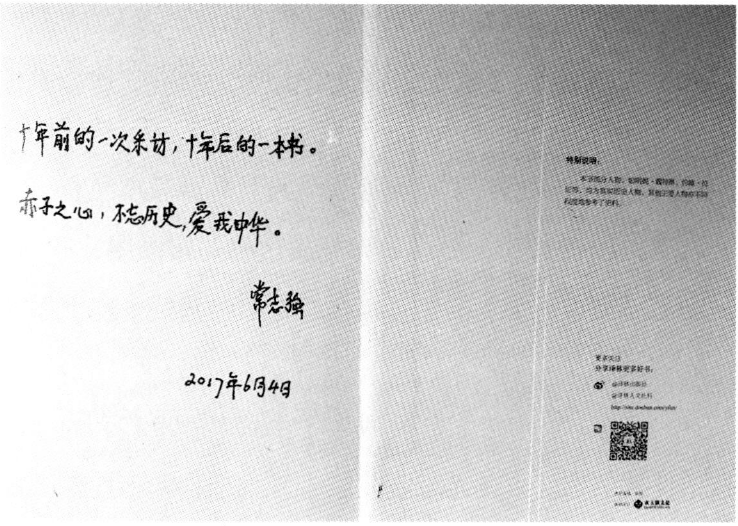

2017年6月4日，常志强为《南京不哭》一书撰写读后感言

就因为有像郑洪教授这样身在海外，心系祖国，不忘历史，努力传播南京大屠杀历史真相的华侨；有像宋旸这样一大批有着历史责任感的年轻人；即使时代的脚步让1937年的12月13日逐渐变得遥远，但是，他们在用肩头上的责任，以各种形式让幸存者的记忆清晰地留存下来。

幸存者、幸存者后代与关心幸存者的人

历史是由人来再现的，南京大屠杀这段历史已过去80多年了，幸存者也都从孩童到了耄耋之年。为了真实还原和保存这段历史，国家、一些社会组织以及有历史责任感的个人都在积极努力地让这段历史、这段记忆保存下来。

在每次陪同父亲参加活动的过程中，都让我感受到每个人对父亲细致周到的关心、照顾、理解和包容。

每一次都会让我感动，也让我增加了使命感。只要有邀请父亲参加的活动我都会陪同父亲参加，从不推辞。如果父亲不方便参加的，邀请我去，我决不会推辞。

2016年，江苏广播电视总台拍摄了五集电视纪录片《幸存者——见证南京1937》，第二集拍摄的主人公是父亲，年轻的编导杨丹在拍摄过程中，总是和颜悦色，遇到

2016 年 12 月，电视纪录片《幸存者——见证南京 1937》在侵华日军南京大屠杀遇难同胞纪念馆举办首映式后，摄制组的全体工作人员合影留念

台阶不好走的路时，便会立刻挽着父亲的胳膊，小心翼翼地搀扶着父亲走。嘴里总是常爷爷、常爷爷地喊着。编导杨丹在纪录片的拍摄过程中，对待父亲就像对自己的亲人一样。以至于有一次父亲问我：“小杨是咱们家的什么亲戚，我怎么想不起来呢？”我告诉他说：“小杨不是咱们家亲戚，她是纪录片的编导。”父亲自言自语道：“不是亲戚，怎么会对我那么好呢？”

2017 年，编导杨丹得知父亲生病后，便和夏淑琴那集的编导杜珺一起去看望父亲，还特地为父亲买了礼物。

总编导戴波在拍摄过程中，遇到吃饭时间都会及时安排饭店让父亲吃饭。遇到下午还要继续拍摄的情况，他会安排好宾馆让父亲睡一觉，休息一下。

父亲有时会很固执。有一次，摄制组在侵华日军南京大屠杀遇难同胞纪念馆拍摄时，总编导戴波问父亲："您有什么话要跟年轻人说？希望他们怎样？"父亲说："这些都不用我说，他们来纪念馆看看就知道了。"也不知父亲是怎么想的，就是不正面回答这个问题，我在一旁都

2017 年 10 月 18 日，常志强在南京凯铂精品酒店接受中央人民广播电台"最后的十四天"节目组的采访后，为书籍《最漫长的十四天》签名

着急了，摄制组的工作人员还是温和地在启发父亲。但是，最终父亲还是重复他原先说的那句话。后来，摄制组只能将原先问父亲的问题，改为问我了。

2017年，新华社在拍摄首部微电影《每个人的“12·13”》时，摄制组的剧务人员会问我父亲平时喜欢吃什么样的饭菜，他们点外卖时就点些父亲喜欢吃的。

这些桩桩小事，都能反映出他们对幸存者老人的理解、尊敬、爱护和关心。

第四章

鲐背的父亲

童年的伤害，对一个人的一生都会产生影响。

侵华日军的南京大屠杀，让原本过着幸福生活的父亲，被迫跌入痛苦深渊——沦为孤儿。一个9岁的孩子要在战乱的环境中生存，他会不时地遇到危险，恐惧、绝望和无奈一直伴随着他……这些特殊的经历，教会了父亲如何保护自己，防范危险，谨慎做事，提防上当受骗，但久而久之也养成了怀疑、多疑的性格。

但父亲明白，善良是做人的根本，善良给自己带来快乐也给别人带来希望。

父亲对人、对事的多疑，不信任的性格，始终伴随他的成长历程。尤其是上了年纪以后，这种性格在日常生活中更加显现出来。他的房间决不允许子女进去打扫整理，他房间里的东西更不允许别人去动。被子、床单、衣服在很不情愿的情况下被儿女洗了，也要不停地催问衣服晒干了没有。有时还会把晾晒在外面还没有晒干的衣服收进他的房间。

儿女在医院给他开回来的药，父亲都会想办法少吃几粒，或者干脆扔到窗外去。比如心脑欣丸，一天两次，一次 5 粒。你得看着他吃下去，但是，他会将药丸藏在舌头下面，等进到他自己房间后，立即就从嘴里吐出来，用纸包上放在报纸下面藏着，或用塑料袋装上藏起来。

我们拿这个“老小孩”实在也没有办法，每次吃药都

学生们给常志强的祝福卡

要像哄孩子一样，要费很多口舌。

1937 年的侵华战争，不但让我的父亲沦为孤儿，而且还给他今后的生活，特别是在心理上也造成了很深的伤害，使他不能享受正常老人的快乐，同时，还给子女带来巨大的心理压力。

现在的父亲

为了能让年老的父母能有一个快乐的晚年，我会让他们合唱歌曲《东方红》，让父亲唱几句京剧《苏三起解》给母亲听，让父亲画画、折纸、剪纸。母亲也会参与和父亲一同剪纸。我多么希望父亲能够通过今天快乐的老年生活，尽可能地去忘却童年的痛苦呢！

现在，父亲已经进入了九十岁的高龄，属于鲐背老人了。

父亲的记忆力常常会出现跨时代的串接，常常把过去的事情，当成现在的事。比如，他会突然告诉你，他的奶奶还活着。

尽管这样，夫子庙和侵华日军南京大屠杀遇难同胞纪念馆这两个地方，他却牢记不忘，而且对此思路清晰，从来不糊涂。

在父亲的潜意识中，最重要的就是两个地方：一是侵华日军南京大屠杀遇难同胞纪念馆；二是南京夫子庙。

有时候，父亲会一个人悄悄跑到夫子庙，去寻找自己童年时的老家。也许就像人们常说的，去寻根吧，寻找他1937年之前的幸福童年。

无论我们和父亲谈论什么话题，父亲自然不自然地就

常志强老人经常去夫子庙，去寻找他童年时的家

会把话题引入到侵华日军南京大屠杀遇难同胞纪念馆上，有时我们谈论很不相干的话题，他也会和纪念馆联系到了一起。

比如，我和父亲聊天时，就会提醒他，当一个人出门时，不要离家太远。如果想去远一点的地方，一定要让我们儿女陪着去。父亲就会说："我不会走远的，纪念馆有事都会提前通知的，不会耽误事情的。"

遇到这种情况，我们做儿女的，都不会去纠正他的话。因为，只要他开心就好。

我用"美篇"记录父亲晚年的生活图景

为了让父母老年生活愉快，为了记录父母生活中的快乐，我会通过一款图文创作分享应用APP"美篇"平台，用文字和图片记录这对老年夫妇生活的足迹，将自己的心情倾注于笔端。

从2017年3月开始，我让父亲画画、剪纸、折纸、唱京剧。母亲见父亲有事可忙，也来了兴趣，两人都开始剪纸。我会把他们的作品用手机拍下来，通过"美篇"平台写下心得，加上音乐。然后，把制作好的"美篇"通过手机播放给父母看，那一刻我看到所有的快乐都写在了他们幸福的笑脸上。

时光流逝带给我们的是成长，给父母带来的却是老去。我不知道用何种方式可以阻挡住时光的流逝，强烈的无助感时时冲击我的内心。看到一天天老去的父亲，曾经内心强大、特立独行的他，已是力不从心，走路时缓缓地迈着小步。想到明年将是他的鲐背之年，我们这些做子女的，准备为他操办 90 岁的寿辰（南京有过虚岁生日的习俗）。此时，我突然萌生了一个念头，为父亲写日记。记忆随着时间将变得模糊甚至消失，当记忆变成了文字，它却可以让岁月的记忆再现。我想我应该把父亲现在日常生活中的一些言行记录下来，作为家庭的记忆，留给后代，留给社会，也留给历史。于是，我从 2016 年 12 月 18 日开始了记录父亲的第一篇日记：

2016 年 12 月 18 日　阴

我俩风风雨雨一辈子，你属猴，我属龙。

我们都到了耄耋之年，能够快乐相伴就是幸福。

2016 年即将结束，我们又要老一岁了。我们不可以让岁月回转，但是，我们可以让我们的日子过得充实，更有意义。

老伴，有您陪伴，我很幸福。

老伴和我一起观看由江苏省广播电视总台拍摄的五集电视纪录片《幸存者——见证南京1937》的第二集《被雕刻的记忆》。让老伴看看我在纪录片中的镜头，结婚几十年从未详细和老伴说过，当年日军是如何杀害我的家人的。借此片了解那场战争给我带来的巨大伤害。

影片中的这个外国人，是美国导演比尔·古登泰格先生。其中有2006年比尔·古登泰格导演拍摄纪录片《南京》中对我的采访片段。

瞧你看得如此专注，神情凝重。我内心十分心疼，真的不想让你和我一样做噩梦。

美好的记忆让人流连忘返，痛苦的记忆让人不堪回首。

2016年12月21日　晴

让我感动的一群年轻人

一个年轻的团队，历时一年，为了一段历史记忆，为了拥有那段记忆的幸存者，为了展现人类生命的坚韧，人性的光芒，他们以极大的关爱之心，包容之心，一步步打开这些耄耋之年老人的心扉，走进他们的内心世界，让那段痛苦回忆中的历史真相重现于世。

拍摄组和老人们极其融洽的相处，令人感动。以至于张秀红老人在看不到编导时，她会问儿子："他们怎么不来看我？”，我父亲还把编导当成自己的亲戚，他说不是亲戚怎么会对他那么好。

老人们的痛苦遭遇，也感染着这支年轻的团队。仿佛让他们肩负着使命，个个成了拼命三郎。摄制组在拍摄苏国保老人那集的外景时，拍摄人员在野外守了一夜，导致第二天，每个人都生病发烧。“小胖子”为了拍摄雪后侵华日军南京大屠杀遇难同胞纪念馆外景，蹲了整整一天因受风寒而面瘫。这只是整个拍摄过程中我所了解的点滴……

在他们工作的办公室，我看到一沓沓的书籍资料，这些资料是为了了解老人们在经历那场劫难之后是如何生存的。他们对老人讲述的史实，进行了大量的史料考证。

我作为幸存者的女儿，陪同父亲并参与了拍摄专辑的全过程。我为这支年轻的新闻工作者团队点赞！

你们的努力拼搏，为你们的2016年画上了圆满的句号。

当你真的被一件事、一个人、一群人所感动时，你会有一种冲动，就要说出来。因此，我选择借助“美篇”平台来表达我的心声。

2017年1月29日　晴

年味就是妈妈做菜的味道。

过年就是团圆，就是相聚，就是交流，它能拉近心与心之间的距离。

“老伴快来啊，我已上桌了。”

“来了，我们让小女儿给我们合个影。”

“孙女快来，让你小姑妈给我们合个影。”

小时候，盼过年。

有大年三十的压岁钱。

有新衣穿，有妈妈为我们做的满桌好吃的菜。

有爸爸用糯米粉为我们捏制的生肖属相，蒸熟后更是栩栩如生，我们四兄妹都舍不得吃。

拜年时，我们会得到满口袋糖、花生、葵花子。有鞭炮、烟花。有认识和不认识的笑脸。

现在爸爸和妈妈都老了，是我们为爸妈买新衣的时候了，应该为父母准备一桌丰盛饭菜的时候了。

他们就像孩子，希望热闹，希望团圆。

2017 年 2 月 1 日　晴

今天是大年初五，是母亲 86 岁的生日。我的儿子给外婆买了提拉米苏蛋糕。父亲和母亲都很高兴。

父亲对母亲耳语，让她笑得再开心点。父亲的耳语，让母亲笑得都捂嘴了。

父亲帮母亲一起吹生日蛋糕上的蜡烛，其乐融融。

母亲是大年初五的生日。每年的大年初五，我们子女都不会忘记给母亲过生日。

因为母亲对四个孩子的爱是那么炽热，计划经济那个年代，母亲饭菜烧好后，都是先把父亲的那份饭菜留好。然后，母亲就看着孩子们吃饭，一直等孩子吃剩下了，她才吃。

母亲不是裁缝，因孩子多，她自学了裁剪，四兄妹的新衣都是母亲自裁自做的。

记得西哈努克亲王来中国访问时，他夫人穿的泡泡袖的衣服非常漂亮，风靡一时。母亲竟然也效仿那种款式给我做了一件时尚的泡泡袖小短裙。

外面只要流行什么新花样的毛衣，母亲总是想办法学会，然后用新的花样和式样为我们织毛衣。

母亲总是把我们这些孩子打扮得干干净净的，她总说衣服打补丁没关系，但要整洁、利落。

母亲既要上班，又要承担着家里的所有家务。母亲的吃苦耐劳、勤奋好学、乐于奉献的优良品格，潜移默化地影响着我们兄弟姐妹。

这就是一位让我们骄傲，让我们尊敬，让我们值得孝敬的母亲。

2017 年 3 月 5 日　晴

陪伴是最温暖的爱，最长情的告白。

一生相携相伴，你若安好便是晴天。

天气晴朗，我提出给二老拍照，两人高兴地坐到了一起。我让老两口笑一笑，父亲抿着嘴笑，母亲看着父亲的表情忍不住也笑了。

母亲开心大笑，父亲抿嘴笑。母亲被父亲的表情逗得开怀大笑。父亲笑得忍不住张开了嘴，露出了他所剩无几的牙齿。

为了让父亲活络活络脑筋，我提议让他画点东西给母亲看，他爽快地同意了，我赶紧拿出事先准备好的本子和铅笔给他。没想到，他凭着想象画得还挺生动的。更让我惊喜的是，竟然还没提笔忘字。我让他在画纸上签上他的名字，他却怎么也不肯签。最后，还是我小嫂提议，让他签上自己的小名，他才同意了。

2017 年 3 月 12 日　阴

老去喜春强自勉　今日兴来提画笔

今天是阴天，下午开始下雨，我问父亲想不想画画？

他笑着说："好啊。就是不知画什么？"我建议他画十二生肖。

他说："这个好。"他先画了一只小兔子，当画兔子的尾巴时，他边画边说："兔子的尾巴长不了，要画的短。"

接着画了只小老鼠，挺可爱。

他又画了一只孔雀开屏，他说："孔雀不是生肖，我

常志强画的生肖画

想画给你看。”他边画边说：“画孔雀，孔雀的冠一定要画得生动有神。”

我建议他画他自己的属相龙。他听后很高兴，便开始画龙。他先画龙头，画着画着，好像找不到感觉，便又用擦皮擦了。我说：“龙是有点难画，不然换一个简单的。”

他竟然跟我说："世上无难事，只怕有心人。"他说："我刚才作画的方法有问题，我要先把龙的整体画出来，然后再画局部。"

他擦了画，画了擦，如此反复，终于完成了生肖龙的画。

父亲看着自己的画满脸堆笑，嘴里叨念着："七捣鼓八捣鼓，还有点样了。"

母亲午睡起床，父亲就让母亲看他今天画的生肖画。母亲看着画说："这是你画的？"父亲说："你还不信啊？"母亲也笑了。

2017年3月19日　晴

余心乐　提画笔

这是第三周的绘画，老人真的和孩子一样，喜欢听表扬。但表扬的方式又不能过于简单，过于简单的表扬会让他认为这是特地在哄他。所以，必须让他认为你对他的表扬是真实的，他确实做得不错。

我每周去让他画画时，我都会把他上周画的画用手机拍成照片，然后借助"美篇"平台，加上当天绘画时的情景，用文字的形式表现出来。每周让他先看看他上周的作品，让他有点成就感。

今天吃完中午饭后，他主动地拿起画本和笔来作画。

画的过程中，他会说出许多令人折服、令人感动的话来。

今天画羊时，他说：“羊的品种多，我没在农村和草原呆过，所以就不太好画。”后来我找了张图片给他做参照，他还问我是什么品种的羊，图片上没写，我也不知道。他说：“那就只能写羊了。”

2017 年 3 月 26 日　晴

心愉悦　画也乐

昨天傍晚，南京市档案局（馆）原副局长徐康英给我来电话，让我转告我父亲，侵华日军南京大屠杀遇难同胞纪念馆原馆长朱成山明天会去看望他。

当晚我就通过手机视频聊天告知父亲，明天早上九点，朱成山馆长会去看他。我问他是否还记得朱馆长，他说：“这怎么会忘记，是刻在心上的人。”

今天上午 8 点，我就到了父亲那里，9 点多钟，朱成山老师、徐康英大姐，还有日本广岛大学研究员杨小平来到了家里。父亲一见朱馆长，就像见到亲人似的，满脸笑容，和他很亲热。

朱馆长说和我父亲一起出去接受采访很多次，特别提到去北京中央电视台的那次，美女主持人采访我父亲时，两次流泪，中途补妆。她被我父亲讲述的苦难童年遭遇而震撼，采访结束，当场就要捐钱给我父亲，表示她的一点

常志强画的生肖猴

心意。但身上当时没带现金，立刻找同事借钱，结果在场的人员在她的带动下，都要给我父亲捐款，以此来表达自己的心意。我父亲不肯收，最后还是在朱馆长的劝说下，他才收下了钱。朱馆长当时是这样劝说的："这是他们的心意，你应该收下。"

我听了朱馆长的讲述，终于明白父亲为何说朱馆长是已经刻在心里的人，因为纪念馆是他的家。

下午，父亲主动拿起笔，完成第四周的画画活动。他说："今天要画一个快乐的小猪。"我问："为什么是快乐小猪？"他说："因为今天快乐啊，朱馆长他们来看我。"

老人真的和孩子一样。高兴与不高兴都会写在脸上。

2017年4月9日　晴

心中的晴天——就是父母的笑容

今天吃过中午饭，我拿出画本和画笔让父亲继续画十二生肖。

他说："画什么啊？"上周因为去纪念馆祭扫，没有画画。他今天好像对画画没有太大的兴趣，我便将"美篇"中上次他画的画播放给他看。他一下子来了兴趣，说道："那我还有哪些动物没画？"我告诉他："还有牛、虎、狗没有画。"他说："那就先画牛。"他画了擦，擦了又画，嘴里念叨着："怎么就是画不好？"我看着他着急的样子，便说:“那我和你一起画。”他马上就笑了，说:“我画的不好的地方你帮我改改。”此时，他的神情仿佛孩童一般。

就这样，从中午十二点多，一直画到下午四点钟。三个生肖终于画好了，我让他在画上签名时，他说:“不签了，还有你帮我忙的。”我和他商量说:“那就签上你的小名。”他总算勉强签了小名。

下午四点多钟，我准备回家，母亲听说我要走，立刻就说:“你要走了？”马上就不高兴了，看她不开心的样子，我赶紧说:“现在不走，我还没给你和老爸照相呢。”她一听这话马上笑了。我让老两口坐到一起，给他们拍了几张照片，两人都很高兴。

日子，年复一年，日复一日。我们长大了，父母老去了。

父亲的记忆，开始出现时空长镜头的断片。比如，今天，他和我说:“我今天还没去看太奶奶和奶奶呢。”母亲在一旁说:“你太奶奶和奶奶早就不在世了。”他却说:“他们都活着。”我听了他的话，心里发毛。他的记忆开始断片，并且时好时坏。

2017 年 4 月 15 日　晴

草屋

下午，父亲的画画活动，改为竹笋皮、玉米皮、树叶为材料制作手工贴画——草屋。

父亲今天的心情特别好，草屋构思新颖，小树也有创意，树旁还用竹笋皮剪了两只小鸟，两只小鸟在窃窃私语。

2017 年 4 月 22 日　晴

剪纸

这周父亲的动脑活动是剪纸画。一把剪刀、一些海报堆在书桌上。

老人家对剪纸画还挺感兴趣的，他先剪了蝴蝶，又剪了蜻蜓、小松树、小兔、风筝、燕子等。

母亲午睡起来，见父亲满桌的剪纸画。她说："我也来剪剪看"。

我赶快找来剪刀给她。母亲认真地剪着海报画上的香蕉、黄瓜、柚子、西瓜、桃子。父亲被母亲认真的样子逗笑了，他也更加认真地继续他的剪纸画。就像两个孩子在较劲，你认真，我比你还认真。

父亲说："我剪的蝴蝶，是颠颠倒倒。"我问他为什么是颠颠倒倒的，他说："蝴蝶飞翔就是颠颠倒倒的"。

2017 年 4 月 30 日　晴

剪纸

这周我给父母安排的动脑活动，还是剪纸。二老对剪纸意犹未尽。

剪纸成了常志强每天的“必修课”

父亲将大米包装袋上的金鱼剪了下来。因为包装袋是塑料的，父亲剪时，还是有点难度。但是，他依旧耐着性子把它剪下来了。

2017年5月9日　阴

折纸

早晨出门还下着雨，中午的时候，天就放晴了，但是风挺大的。

父母今天的动脑活动是：父亲折纸，母亲还是剪海报画。

父亲折了个纸飞机，他说："这是'穿子'"。下午父亲拿着他折的"穿子"，在小区院子里飞，显得很开心。他那开心的神情仿佛孩子一般。人们常说："老人就是孩子。"我现在真正体会到了。

父亲年轻时，会折各种各样的折纸，今天他拿着纸翻过来倒过去，竟然折不出东西。嘴里还念叨着："怎么想不起来呢？"我建议他折个纸飞机，他仿佛找到了灵感，终于折出了纸飞机，又折了几个他自己想象的东西。

2017年11月24日　晴

我和太爷爷一起拍纪录片

我和太爷爷一起在夫子庙大成殿拍纪录片，摄制组的叔叔让我和太爷爷手拉手散步，我说："不要。"

2017 年 11 月 24 日，常志强和他的重孙女一起参加微电影《每个人的“12 · 13”》的拍摄

后来外婆说:“你和太爷爷手拉手散步后，就可以去买泡泡枪。”

我高兴地接受了外婆的建议。我和太爷爷大手牵着小手漫步在银杏树下，金黄色的银杏叶子真漂亮，我手捧银杏叶抛向空中，金色的银杏叶子散落在我的身边，我真开心啊!（摘自常志强重孙女的日记片段）

2017 年 11 月 26 日　晴

今天父亲吃橘子时，发现枯枝上还留有一片片新鲜的叶子，很高兴。脑洞大开，橘树叶和橘子皮竟然成了他老人家的剪贴画。

青青橘叶，乐乐父心。

但为橘叶，愉心当下。

青金双兔，藏于草间。

佳人起舞，惜已迟暮。

一帆江水，灵动长存。

鱼落水面，仿若忆昔。

2018 年 1 月 17 日　晴

父亲的 90 岁生日

虽然，父亲的生日本应该是 2018 年 2 月 4 日。但是，南京过生日的习俗是过虚岁。于是我们便决定于 2017 年

12月31日为父亲举办生日宴。因为这天是节假日，便于大家安排时间欢聚。同时，也因为是2017年最后一天，满足南京人过虚岁生日的习俗。

父亲9岁就成了一个战争孤儿，在苦难中坚强地活了下来。如今父亲90岁了，我们子女都为父亲高兴，更以父亲的坚韧、自强、自立精神为荣。父亲有一个愉快幸福的晚年是我们美好的心愿。

为了能够记录这美好的时刻，我想到了邀请一位专业摄影人士为我们拍一些全家幸福的时刻，留住一家人的快乐和幸福。

我一下就想到新华社江苏分社摄影记者李响，但是我不能确定他能否答应我的请求。

我和李响的交情并不深，和他的相识，缘于他对父亲的数次采访。我在和他的交往中，只是感觉这位小帅哥比较亲切。

带着试试看的想法，我拨通了李响的电话，我把我的想法和他说了，他听后就说："好啊，没问题。"他的回答真的令我很感动。

我知道，李响爽快邀约不是我的面子，而是一个新闻工作者对幸存者的关爱和尊重。

为父亲举办生日宴的那天，我们兄弟姐妹几家，只要没有特殊原因的都来为父亲祝寿了。父亲的表弟和表弟媳妇也一大早特地从滁州赶过来，父亲的表妹、母亲的堂弟和堂弟媳妇也来了，和我们一起在南京湖南路雍福苑酒店，为父亲庆祝 90 岁生日。

李响早早就来到了酒店，放弃了自己难得的休息日，用相机定格住每一个幸福的画面。他连一口水都没喝，便匆匆赶了回去，说他的家人还在等他吃饭。这令我心生歉意。

父亲 90 岁生日，还收到了一份特别珍贵的礼物。就是南京艺术学院张玉彪教授亲自为父亲在宣纸上画的肖像画。

父亲和张玉彪教授的相遇

2017 年 12 月 9 日，我和爱人陪父亲去南京河海大学参加“不可忘却的记忆——南京大屠杀史实”阅读寻访行动第六场的读书会。

我和父亲被会议组安排在会议的第一排。我的座位挨着张玉彪教授和他夫人李玉芳老师的座位。

张教授一看到我父亲，就如遇见久别重逢的老友，握住我父亲的手说：“常老，您好！您还认识我吗？我们好多年未见面了。”

父亲看到张教授也很激动，兴奋地说：“有印象。”

张教授说：“当时，你说有好多话要跟我说，一直忙的也没有时间再去看你，一晃都十年了。”

张教授在会上讲述了他十年间，为何会围绕同一个题材反映南京大屠杀作品的创作心路。他说，每一次对幸存者的采访以及和幸存者零距离的接触，都让他有种切肤之痛，震撼着他的心灵。他深感他所画的每一幅肖像背后都负有沉甸甸的民族重托和历史责任。

肩负使命，使他潜心十年投入创作，为幸存者遇难者亲属绘制肖像 33 幅、幸存者肖像 50 幅、侵华日军南京大屠杀遇难同胞纪念馆建筑景点钢笔画 24 幅、油画《和平祭——大屠杀幸存者的心灵之光》《南京审判日本战犯》等一系列有关南京大屠杀的绘画作品。

张教授说：“2007 年 5 月，我应时任侵华日军南京大屠杀遇难同胞纪念馆馆长朱成山邀请，为部分南京大屠杀幸存者遇难亲属和幸存者画肖像，由于有遇难者儿童的肖像需要画，要反映那个年代儿童的形象，电脑上无法比对。当时就向朱成山馆长提了要求，希望能找一位思维比较清晰的幸存者。通过他的描述，为我的肖像创作提供比较明确的儿童形象。于是，朱馆长推荐了你父亲。他就是我接受这个任务后所接触的第一个幸存者。”

根据张教授的回忆，当年，他和父亲见面时向父亲表达了想通过父亲对他几个弟弟长相特征的描述，用速写的形式将父亲几个遇害的弟弟画出来，然后进行肖像创作。

当时，父亲很激动地向张教授讲述了 1937 年 12 月 13 日的遭遇过程，在讲述过程中，他几次中断，痛哭不已。他的讲述对创作者心灵也是很大的冲击，死难同胞的无助、凄惨，令张教授泪流不止。

张教授说：“你父亲是我的第一个被采访者，也是因为他的讲述，让我坚持了这一题材的十年创作。我根据你父亲对他四个弟弟长相特征的描述，每一幅速写 20 分钟。在创作绘画中，我仿佛在画自己失去的亲人，心里痛苦至极，甚至吃不下饭，是幸存者给了我创作的源泉和灵感。”

“当你父亲看到我为他四个弟弟画好的素描肖像时，激动地对我说，画得真像啊，我好像又看到我那四个弟弟了。”

“通过你父亲的讲述，给我极大的创作冲动，通过底层最普通的民众，反映民族受难的形象，从受邀请而画到我要画，能用自己的画笔定格历史是我的天职。”

艺术家责任的担当和使命，让张玉彪教授十年潜心画一个主题。这期间张教授推掉出版社的约稿以及高额报酬的约画等一切社会活动，他用一个画家的良知和手中的画笔，主动承担起历史的使命。

张玉彪教授将自己创作的作品悉数捐献给侵华日军南

2011年3月2日，常志强（左）在张玉彪教授为他画的肖像图上签名按手印

京大屠杀遇难同胞纪念馆收藏和展陈。他说："我是十年磨一剑，这是历史的正义之剑。"

在我看来，他是用心灵的线条、笔触向世界还原历史，定格历史。作为幸存者的后代，我敬佩他，更对他怀揣感激之情。

2017 年 12 月初，南京市档案局（馆）原副局长徐康英联系我说："江苏电视台计划今年 12 月 13 日，去你父亲家拍摄你父亲和家人在家收看国家公祭的场景，他们要进行现场同步直播。" 我想如果张玉彪教授和他夫人有时间，刚好借此机会让父亲能再次和他们见面，那该多好啊。

因为父亲年龄越来越大，我必须抓住一切机会，创造条件让父亲开心。

12 月 13 日，对父亲而言是最痛苦的日子，在这个特殊的日子里，如果不仅有家人，还有让他信任对他关心的朋友共同陪伴他一起去看国家公祭活动，那将会给父亲压抑了 80 年苦难的心灵予以最大的慰藉。想到这些，我拨通了张教授的电话，把江苏电视台拍摄活动的安排，以及我想请他和他夫人在 12 月 13 日到我家，与父亲共同收看国家公祭的想法告诉了张教授。打电话时，我是带着忐忑心情的，没想到张教授和夫人竟然爽快地同意应邀。

我又邀请徐康英大姐，希望她也能来一起看国家公祭的直播，她答应了我的邀约，并且一大早从南京城南赶到城北，帮我把父亲接到我家（因为父亲家比较拥挤，所以我就让拍摄组到我家进行拍摄），我真不知道用什么语言

2017 年 12 月 13 日，常志强老人和南京艺术学院的张玉彪教授（右三）、南京大屠杀史研究会顾问徐康英（右一）在家中观看国家公祭的现场直播，并接受江苏电视台的采访

表达感谢之情。

其实，这中间，还有一个在父亲看来无比重要，也让我们很为难的小插曲。

父亲一直和二哥一家住在单位的宿舍，房子在 80 年代还算挺大的，三房一厅（客厅不大，放上一张大桌子就快占满客厅了），一厨一卫，一阳台。所以，家里当时是拿出一间房间作为客厅的。随着二哥的孩子逐渐长大，这间客厅就只能给孩子作为卧室了。

因为家里经常有人来采访父亲，为了让来采访的客人有一个安静的没有打扰的环境，父亲就时常向二哥提出让他们一家人搬出去住。

二哥从地质队调到父亲的原单位后，当单位允许买房时，就把房子买了下来。为了满足父亲对客厅的要求，家里商量改造阳台，把阳台向自家的院子扩大，把自家院子面积缩小。

父亲同意这个方案。家里就请施工队为父亲建造了一间 10 多平方米的会客室。这样终于满足了父亲会客的愿望。

后来小区维修改造，父亲的会客客厅被迫拆除，因为没有了自己的专属空间，父亲便常常会和我们几个子女唠叨，说来人连个坐的地方都没有了。

张教授夫妇一大早就赶到这里，他们不辞劳苦按时赴约，不仅是对幸存者的尊敬和爱护，更是对国家和民族的一种责任。

那天，看到父亲和张教授见面是如此的亲切，这令我很感动。

父亲没有什么要好的朋友，由于他 9 岁就成了战争孤儿，现实的生活迫使他处处小心，提防上当受骗。长此以往就养成了对人不信任、多疑猜忌的性格特点。而他和张教授的相识只是源自于张教授对他的采访，在多年前的采访中，父亲向张教授敞开了心扉，相隔多年，两人再次见面，场面非常融洽温馨，实属一种难得的友谊和缘分。

我很珍惜他们这种纯真的友情，因此，内心就萌生了一个非常强烈的愿望，期望得到张教授的作品，我认为这件作品会是见证他们缘分的一个凭证，也是我们家庭美好传承的物件。但是，我和张教授毕竟只是第二次见面，这之前没有任何交情。我内心忐忑，是说，还是不说，我想为了父亲，为了留下美好传承，就只好鼓起勇气向张教授提出了自己的请求，我希望他能够为父亲现在的形象画一幅肖像图。

上苍总是善待有缘之人，张教授竟然立刻同意了。他说：“好啊，你们选一张满意的照片给我，我就按你们选的照片为你父亲画一张肖像画。”

那段时间张教授特别忙，但是他还是愿意挤出时间，为我父亲画肖像画，这令我十分感动。

2017 年 12 月 31 日下午，张教授告诉我，他为父亲画的肖像画已经完成。我知道张教授很忙，我便向他要了地址，约好第二天去他那里去取画。

第二天，我冒着大雪一大早就赶到张教授家，张教授夫妇已在家里等我。

当张教授将父亲的肖像画从画架上取下来放在茶几上，我看到画上还贴了一张透明的薄纸。张教授将透明薄纸揭开，翻向画纸的背面，立刻映入眼帘的是父亲那传神而淡定的眼神、刚毅的面颊。肖像画的纸张是宣纸，作画的工具不是采用毛笔和墨水，而是用炭笔，这种绘画形式我是第一次见到。流畅的线条，犀利的笔触将父亲画得栩栩如生，很有精气神，这是一幅非常精致完美的素描肖像画。

画的一边已经被固定在一张衬板纸上，张教授又将衬板纸那面翻过来，我看到“敬贺常志强先生九十岁生日而作，祝常志强先生福如东海，寿比南山，晚年幸福，尽享天伦之乐。”上面有张教授的签名。

从精心所用的衬板纸和透明薄纸到画面的精致出彩，可以看到张教授的功底和用心，更让我看到一个真正艺术家的风采和人格魅力。

张教授的画，给我父亲 90 岁生日送来了一个非常珍贵的大礼。星期天，我将张教授画的肖像画带到父亲家。当我揭开画上的透明薄纸，问父亲这画上的人是谁，父亲满脸是笑，嘴里念叨着：“太像了，真是画得太像了，要好好谢谢张教授。”

他眼睛一直盯着画看，简直是爱不释手。

对一位年逾九旬的老人来说，已经没有多少欲望和物质要求了。张教授的画深深打动了他。

张玉彪教授精心为常志强画的肖像图

父亲常志强对日本大学生的影响

2018年4月8日，我准备给放入书中的一些照片添加图说。发现有几份日本大学生用日文写的信件需要翻译。

信件中有的是用日文写的，如果借助翻译器是可以翻译的，但准确性无法得到保证。另外，父亲和日本友人在国内拍的照片中的人物、地点我还没有搞清楚。为此，我很着急。

2018年4月11日，我突然想到可以帮我解决问题的人——江苏省工会外事处的盛卯弟先生，但又不能确定他有没有时间，还有他愿不愿意花时间帮我去查寻多年前的档案记录。毕竟和他的相识只是一面之缘，源自于日本友人松冈环对父亲家访而认识的。

抱着不试怎么知道结果的想法，我拨通了盛卯弟的手机。自报家门后，我就把想请他帮忙的事情跟他说了。他说：“可以。”

盛卯弟简短的两个字，让我紧张的心情顿时放松了。我赶紧对着手机那头的他说：“今天下午我将会把需要您帮忙确认人物和地点的照片，以及要请您帮忙翻译的信件给您送过去。”

2008年9月10日，常志强（前排右二）、南京师范大学教授张连红（前排左一）、日本女子大学杨志辉老师（前排左二）在南京师范大学社会发展学院和日本大学生代表团的学生合影

他说："你可以发给我。"

我说："我加您微信，您把微信号给我。"

我把我的微信号给了他，他加了我的微信，这下，我与他又增加了一个联系互动的渠道。我把需要他帮忙确认的照片和翻译的信件通过微信发给了他。

他每收到我发的一张照片后，便及时帮我检索查阅核对，通过微信告诉我。更让我感激的是当天下午他就将我请他帮忙翻译的信件，翻译后发给了我。

下面是日本大学生写给我父亲的信：

非常感谢您给我们讲述了这么珍贵的证言，听后我觉得自己对中日关系及和平有了更深的思考。

——铃木

您好！祖父从来没有给我讲过任何有关战争的情况，所以我觉得此次听取了非常珍贵的证言。这使我有了这样的想法：我们必须将这些史实传承下去。

——打田

听了常老的证言，使我更加深层次地思考双方的国家。我会把这次听取的证言告诉更多的人，谢谢！请保重身体。

——中川

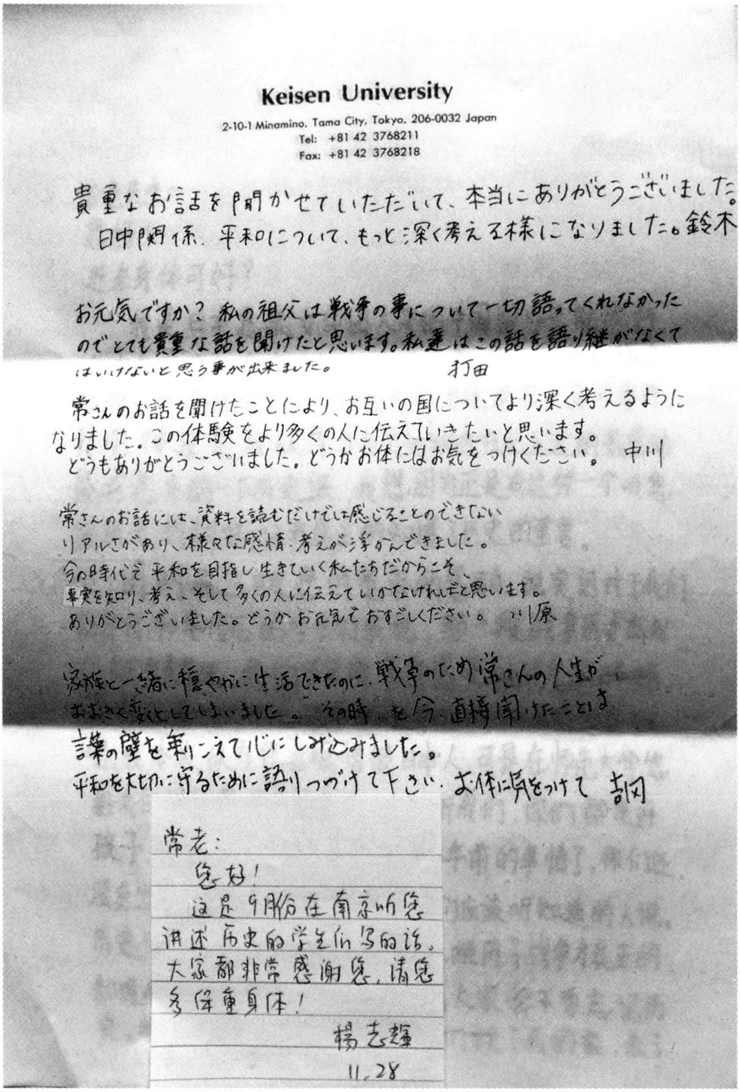
Keisen University
2-10-1 Minamino, Tama City, Tokyo, 206-0032 Japan
Tel: +81 42 3768211
Fax: +81 42 3768218

貴重なお話を聞かせていただいて、本当にありがとうございました。
日中関係、平和について、もっと深く考える様になりました。鈴木

お元気ですか？ 私の祖父は戦争の事について一切語ってくれなかったのでとても貴重な話を聞けたと思います。私達はこの話を語り継がなくてはいけないと思う事が出来ました。 打田

常さんのお話を聞けたことにより、お互いの国についてより深く考えるようになりました。この体験をより多くの人に伝えていきたいと思います。
どうもありがとうございました。どうかお体にはお気をつけください。 中川

常さんのお話には、資料を読むだけでは感じることのできないリアルさがあり、様々な感情・考えが浮かんできました。
今の時代で平和を目指し生きていく私たちだからこそ、事実を知り、考え、そして多くの人に伝えていかなければだと思います。
ありがとうございました。どうかお元気でおすごしください。 川原

家族と一緒に穏やかに生活できたのに、戦争のため常さんの人生がおおきく変化してしまいました。その時…を今、直接聞けたことは言葉の壁を乗りこえて心にしみ込みました。
平和を大切に守るために語りつづけて下さい。お体に気をつけて 吉岡

常老：
您好！
这是9月份在南京听您讲述历史的学生们写的话。大家都非常感谢您，请您多保重身体！
楊志輝
11.28

日本大学生写给父亲的信件

从常老的证言中我得到了资料中无法读取的真实感，以及对战争的思考。生活在当今时代中，为实现和平而努力的我们就应该知道历史事实，在此基础上认真思考并将这些史实告诉更多的人。谢谢！祝您身体健康。

——川原

当时和家人一起过着安稳生活的常老，因为战争，人生发生了极大的变故。此次从证言中直接了解了当时的情况，证言已跨越语言障碍铭刻在我的心中。

为了维护和平，请您继续讲述证言。请保重身体。

—— 吉冈

从这些日本大学生留给父亲的信中，我深深地感到日本的年轻人对南京大屠杀历史的态度，对战争与和平的认识以及对发展中日友好关系的渴望，从中我也感受到像我父亲一样的历史证人，在中日关系和世界和平建构中所起到的建设性作用。

父亲与“90后”大学生的心灵对话

2018年2月14日，我接到了一个陌生电话，听声音打电话的是个大男孩。

我刚一接听，他就说：“是不是常志强爷爷家？我是侵华日军南京大屠杀遇难同胞纪念馆的志愿者胡阳志，常爷爷小时候的苦难经历让我很震撼，我和家人以前也去过纪念馆，那时我并不知道常爷爷的遭遇。

“这次我是从网上看到江苏电视台拍摄的五集电视纪录片《幸存者——见证南京1937》，我才知道常爷爷的经历。

“我无法想象常爷爷小时候的痛苦，常爷爷真坚强。我从纪念馆得到常爷爷的联系电话，我想给常爷爷拜个早年，祝爷爷身体健康，新年快乐！”

听了这位陌生大男孩的电话，我心里瞬间暖暖的。

一个素不相识的孩子，从网络上看到电视纪录片中记录我父亲常志强童年的苦难经历，让这个孩子震撼，他要表达他的心意。

我告诉他，我不和常爷爷住在一起，我会把他的心意转达的。

我让他发短消息把姓名电话留给我，没想到他竟然给我写了长长的一段话。

阿姨您好！晚辈是胡阳志，家住南京雨花台区铁心桥大街，目前在浙江省读大学。这次寒假，我很荣幸作为一名志愿者，在纪念馆官方那边得到了常志强爷爷的联系方式。

常志强爷爷儿时的苦难经历，这是晚辈听到过的最为震撼的一件事。每次去纪念馆参观，看到那个雕像时，心中便久久不能释怀。

晚辈生活在一个和平的时代，真的无法想象 1937 年那场人类浩劫的情景。

新春佳节之际，祝愿爷爷身体健康、平安长寿！也祝阿姨及家人新春快乐、阖家幸福！

2018 年 2 月 14 日 19:26

看到这个孩子发自肺腑的语言，让我更加深切地感受到幸存者的记忆真的太珍贵了。因为这些记忆，将还原历史的真相，激励后代珍爱和平、维护和平。因为这些年轻人才是未来和平的守护者。

2018 年 4 月 11 日下午，我给胡阳志打电话，但是电话一直没人接听。后来还是小胡给我回打了电话。

我告诉他，我是常志强的小女儿，他立刻兴奋地说："阿姨您好，您还记得我啊。我一般都不接电话，因为看到的是来自南京的电话号码，所以，我立刻回过来。我现在在浙江省这边的大学读书。"

我说："非常感谢您对我父亲的问候。您怎么想到要去侵华日军南京大屠杀遇难同胞纪念馆去做志愿者的？"

他说："我在网络上看到纪录片《幸存者——见证南京 1937》后，对我触动很大。当看到网上纪念馆在招志愿者的时候，我就毅然报了名。每次去纪念馆的时候，我都要到《最后一滴奶》的雕塑前站一会。"

我说："我正在写一本书，是关于我父亲的。我想请您把对我父亲想说的话，以书信的形式写给我，一定要真情实感。"

听了我的话，他说："阿姨，我们加个微信，我写好后就立即发给您。我会写我的真实感受的。"

下面是胡阳志写给我父亲的信。

尊敬的常爷爷：

您好！我是一名"90 后"的在校大学生。从纪录片《幸存者——见证南京 1937》中了解到您的故事后，泪水不禁模糊了我的双眼，那种源自于内心深处的触动让我久久不能释怀……

1937年，年仅九岁的您本应在父母的庇护下茁壮成长，可那场惨绝人寰的人类浩劫彻底改变了您的人生命运！

疯狂的日军一连杀害了您的六位亲人，您的母亲倒在血泊之中后，仍挣扎着给未满两岁的儿子喂奶；血水、乳水、泪水已凝结成永不融化的冰；而那一幕，母爱变成了永恒……

对于生活在和平年代的年轻人来说，我无法想象，甚至不敢想象您儿时的苦难遭遇。但可以肯定：这是我迄今为止听到过的最为震撼的苦难之一！

现如今，鲐背之年的您，面对生活的那份乐观与平静，面对历史的那份勇气与坚持，所绽放出闪光的人性之美，给我留下了颇为深刻的印象，令我无比的钦佩。

幸存者的真实经历是历史教育的最好素材。纪念馆广场上那组凝聚着无私伟大母爱和泪眼模糊的儿童雕像，必将会烙印在每一位前来参观的观众心中。

随着时间的流逝，南京大屠杀幸存者人数会越来越少。终究一天，这段历史的见证者都将会离开这个世界……

但这并不意味着历史会被遗忘，记忆会被减弱，而更应该被我们年轻人牢记！

我有幸生活在一个繁荣昌盛、和平安康的国家，铭记那段屈辱的历史，是为了珍惜当下的和平；铭记历史，最好的方式就是自强不息！

感恩这个科技发达、进步的时代，让我有机会与大家携手共进，努力实现自己的人生价值。

但愿岁月静好，衷心地祝愿您老健康长寿、生活幸福！

此致

温暖的问候！

胡阳志

2018 年 4 月 13 日

后　记

我既不是文学工作者，也不是写手。

我的父亲是个九岁的战争孤儿，是南京大屠杀的幸存者。

因为父亲常志强的特殊经历，作为他的子女，我们的成长经历也因此增添了不一样的色彩。

我是以一个女儿的视角，记述和父母在一起生活成长中的一些经历，特别是将我父亲儿时的特殊经历记述下来，作为世人解读南京大屠杀那段历史的一把钥匙，也是传承家族记忆的一扇窗口。

因为写的都是自己和家人的生活点滴，无须酝酿，生活的林林总总仿佛都依稀可见。

书中所涉及的人物都是真实再现，没有修饰。生活的本身就是真实的，真实的东西才值得传承。

所以，我在写作中，只要不是我的亲身经历，我都会去求真、求解。

比如，当我拿到父亲去日本做证言时的照片，照片中的人物，除了父亲，其他人物，我一概不知。去日本做证言的过程中发生了什么？日本人民对这样的活动有何反应？我一无所知。但是，我不想去问我父亲，我不想让父亲因回忆而去触碰到那段痛苦的记忆。我希望得到的是，由照片中的其他人来告诉我当年日本一行的所有。况且，我是想从别人眼中解读幸存者的证言所产生的影响力。

于是，我将照片拿给侵华日军南京大屠杀遇难同胞纪念馆原馆长朱成山和南京市档案局（馆）副局长徐康英，请他们帮我辨识照片中的人物。果然，他们对许多情况都十分了解，帮助我解决了不少难题。

我了解到，当年陪同父亲前往日本的是南京第二档案馆的研究员郭必强和侵华日军南京大屠杀遇难同胞纪念馆的副馆长王伟民。我想我应该去拜访一下王伟民副馆长，请他回忆一下当时的情景。徐康英得知我的想法后，便主动提出由她帮助我联系王伟民。后来徐康英还陪同我，一起去侵华日军南京大屠杀遇难同胞纪念馆，拜访了王伟民。王伟民副馆长热情而详细地给我讲述了当年我父亲日本证言之行的很多细节故事。

王伟民副馆长的讲述使得我对父亲日本证言之行有了深刻的理解。从而，使得我在书稿中能够真实、准确、精彩地反映这段日本证言活动。在此，非常感谢王伟民记忆犹新、生动激情地讲述。

再如，当写到父亲的姐姐死于斑疹伤寒时，我就非常想了解当时南京是什么样的一种状况。我想到了江苏省社会科学院历史研究所研究员孙宅巍先生。我和孙宅巍先生相识于 2016 年 12 月 12 日，我陪同父亲去南京钟山宾馆参加“南京不会忘记——紫金草国际和平纪念章颁发仪式”的会议中，孙宅巍先生就坐在我旁边。孙先生人很温和，会前片刻，我们礼节性的相互向对方介绍了自己，我还向他要了名片。因此，就有了我向他请教的机会。

我电话联系了孙宅巍先生，把要问的问题告诉了他，他说:“我主要研究的是抗战胜利以后的历史，战前的那段历史，南京师范大学的经盛鸿教授研究得比较深，你可以问问他。我把经教授的电话号码给你。”在此，衷心感谢孙宅巍先生给我的帮助。

后来我联系上了经盛鸿教授。从经教授那儿，我了解到当时的明故宫机场，的确有日军运输细菌病毒。后来我在经教授的《南京沦陷八年史》的书中，也看到经教授对日军在南京生产细菌病毒并对中国军民实施细菌战的史实，进行了详细叙述。我在这本书中也引入了他书中的一些片段，以便让读者了解侵华日军在南京开展细菌战的罪行。在此，非常感谢经盛鸿教授给予我的帮助。

在写父亲童年那段经历时，我不想简单地把父亲的证言直接引入书中，我希望展现给读者的是丰满、生动的故事，以及成为孤儿的父亲如何顽强艰难的生存下来，我想反映生命的坚韧以及人性中的柔软和善良，用父亲那段真实的生活还原那段历史。

父亲一家当年受害的那段历史，为了能准确生动地还原给读者，我改写了多次。我反复看父亲的口述史，一次一次地在自己大脑中过电影。因为我希望能准确理解父亲当年写的口述证言，能够准确生动再现历史场景。所以，我一次次推翻自己之前的写作，以求准确、真实、完美。

2016年，由于我全程陪同父亲参与拍摄《幸存者——见证南京1937》第二集的拍摄，和编导杨丹相处得非常融洽。杨丹是一个温和、实在、踏实、善良且善解人意的姑娘。就因为有这样的机缘让我们相识，我才有机会结交这样一个优秀的年轻朋友。

当我在撰写父亲童年那段遭遇和吴为山创作《最后一滴奶》雕塑的历程时，杨丹为我找来了父亲那段历史资料和吴为山创作雕塑过程的影像资料。如果没有这些真实的历史资料做基石，文章是无从下手的。

在书稿写作的前期，杨丹给了我很多非常宝贵的建议，在此，我要给杨丹一个紧紧的拥抱，以表达我对她的谢意。

2018年3月29日，我将书稿发给侵华日军南京大屠杀遇难同胞纪念馆原馆长朱成山。

2018年3月31日15:34分朱馆长给我微信："我上午看了一部分内容，做了文字上的微调和修改，最后面的内容移到第一部分作开头。"

2018年4月5日9:48分朱成山给我微信："小梅，你写得平实生动，这几天我夜里一两点钟起床帮你修改，段落逻辑上理顺，语句上弄通，还有不少错别字和老南京话，有些地方我帮你润润色。"

"《青年的父亲》这一章，把没有印象的爷爷奶奶放在慈爱可亲的外婆前面，逻辑上更顺些，也便于读者理解。"

2018年4月5日13:07分，朱馆长微信我："因为是最后一稿，我看得很仔细，基本是逐字逐句看，连标点符号都在把关修改中，所以看得很慢，耗时较多，准备利用清明三天假期全部看完。"

以上是朱成山老师为我修改书稿沟通中的部分微信内容，我十分感谢他。

一是他鼓励我着手写书，并给我机会撰写这本书。让我的幻想变成了现实。

二是他对我的信任，让我有信心将几万字抒发于笔端。当初，朱馆长让我为父亲写书时，我问他对字数有要求吗？他说："没有要求。"我便信心满满，不假思索地说："可以。"因为，我当时也特别想写点东西，但是仅限于想象。

我知道想象和现实是有一定距离的。因为我没有写过书，我只是常常记录父母生活中的开心事，都是随心所欲地写作，我只要把想说的事情据实表达，抒发真情实感，条理清楚地表达出来而已。

朱成山老师不愧是带硕士研究生的导师，当我将两万多字的书稿发给他看后，他跟我说："写得不错，有看头，就是字数少了点，最好六万字左右，不然书的厚度不够。"听了他的话，我当时是既高兴，又紧张。高兴的是，我写的书稿得到了他的认可；紧张的是，书稿的文字数量却远远不够。

我转念一想，当时不是说不限字数吗？可又一想，如果书的厚度太薄，确实是个问题。又一想，我当初问他有没有字数限制时，他为什么不事先告诉我有字数要求呢？我想这一定是他的用心良苦，他担心我恐惧写作，不敢尝试去撰写。

想到这些后，我在心里暗暗给自己加油，别人给你机会，你还有理由退缩吗？必须努力，没有退路。

正因为有了他用心良苦的循循善诱，我才得以调动自己的潜能完成这本书稿。

另外，他在百忙中几次挤时间为我认真仔细地修改书稿。如果没有他的帮助，就不可能有这本书的出版。

2018 年 4 月 28 日，在朱成山老师的安排下，我和父亲有幸和外文出版社社长徐步和曹晓娟副编审见面。

朱馆长向徐社长介绍："这就是南京大屠杀幸存者常志强，侵华日军南京大屠杀遇难同胞纪念馆的广场上有一组雕塑，就是以他们家为原型而创作的。他受伤的母亲在临死前的那一刻，用最后的一点力气，给他的小弟弟喂奶。后来，红十字收尸队在收尸时，发现母子都冻在了一起，分都分不开。"

徐步社长听了对我父亲的介绍后，感慨地说："常老是受过苦的人，我祝常老健康长寿！我们出版社不能只以营利为目的，我们更应有社会责任。"

听了徐步社长的一席话，我顿时对他有了一种仰视的感觉。在一些人追求物质利益最大化的当下，国家级出版社的社长却是以社会责任为己任，真是令人肃然起敬。我不得不被他如此的思想境界而折服，在内心默默地为他点赞。

朱成山老师告诉徐步社长，我是常志强的小女儿，我正在为我父亲写一本书。徐社长问我：过去有没有撰写过书籍，还是仅仅是文学爱好者？我连忙回答说："我是文学爱好者，是凭着一股热情而写的。”

徐社长说：“光有热情，不一定能写出来，还要有一定的文字基础。”

我非常希望能得到在他们出版社出书的机会，便鼓足勇气推销自己。我说，我认为我的书稿写得还不错，一个个生活小故事都描述得挺生动的。我把手机里为父母写的“美篇”打开给他看，以显示自己的写作水平。朱成山老师一再向徐社长肯定我书稿的内容与表现形式，最后，徐社长决定为我出版这本书。并让我随后将电子书稿交给曹晓娟副编审，随即我和曹编辑相互加了微信。

高兴之余，占据我内心更多的是感恩。

我感恩朱成山老师，他是我撰写这本书的引路人，在写书的过程中，他对书稿进行修改和把关，直至帮助我联系出版社。

我感恩外文出版社徐步社长，为一个幸存者之女圆梦，帮助我实现了为父亲出一本书的朴素愿望。

我特别感谢责任编辑曹晓娟女士，为本书的出版做了大量的改写工作，大到书稿的篇章结构，小到每字每句的斟酌，以及书中每一幅照片的选择，不厌其烦，付出了很多的艰辛和努力。

他们希望通过我以幸存者女儿的视角，来记述 1937 年 12 月 13 日南京大屠杀事件背后的故事，幸存者在这特定环境和时间中所发生的一切，向世人再现这段惨痛的历史记忆。以警示后人，不忘前世之事，珍爱和平。

在写作中，我时常会被带入南京大屠杀的场景，脑海里会不断闪现父亲一家被杀害的血淋淋的画面。

我在不知不觉中对父亲生活中很多违反常理的行为开始慢慢理解了，也更加包容了父亲今天的现状。

在得到每一个人的帮助时，我的内心都充满感激，心里暖暖的。因为有了这么多人的相助，更加激发了我写作的热情和灵感，使我更加敬畏历史，认真地去撰写、去倾诉。

作为女儿，我很想为父母做点有意义且让二老高兴的事情。我想今天的这本书，应该会给二老带来快乐和心灵上的安慰。毕竟我用文字记载了家庭曾经的历史和今天的生活状态。

当我们的后代以及后代的后代在阅读这本书时，就会有一种亲近感，因为我用文字与亲人、与过去、与未来在约会。

我希望我父亲的故事，能带领读者穿越岁月，回味真实的历史，让岁月的记忆长存。

常小梅

2018 年 5 月 1 日于南京

附　录

2018年12月，我有幸作为健在的南京大屠杀幸存者的子女赴日参加证言集会。第一站是日本广岛，我和南京师范大学张连红教授于2018年12月5日晚到达日本广岛机场。日本广岛大学的研究员杨小平和他的日本朋友已在机场等候我们了。杨小平是担任此次广岛证言集会的翻译，因为我和他在之前有过融洽深入的交流，所以，在异国他乡见面时就有一种亲切的感觉，也消除了自己很多的担忧。

12月6日傍晚，我们参加广岛证言集会。证言集会上，日本民众都十分认真地听我和张连红教授的讲述。在集会提问时段，有一位日本听众向我提了这样一个问题："你恨日本人吗？"在他们看来，按常理，无论从国仇还是家恨而言，都应该是有恨的心理的。1937年的南京大屠杀对南京来说，实在是太血腥了，给幸存者的家庭更是带来灭顶之灾。对加害方的民众来说，一定会关心我这个幸存者的女儿是怎样看待这个问题的，我认为这是情理中被提及的话题。要说恨，我恨当年发动侵华战争的日本军国主义，恨杀人不眨眼的日军。我回答提问者："我们今天铭记这段历史，不是为了记住仇恨，而是为了更好地开创两国间和平、友好的未来。"我的回答应该是日本民众所期待的，也是中日两国人民共同的心声。

日本广岛集会组织的负责人由木先生因生病住院，此次活动就由他妻子由木良惠来组织开展。由木良惠给我的印象是善良、热情、开朗、坚毅。12月7日上午，她和中野腾先生陪同我和张连红参观吴市历史科学馆（大和博物馆），在海边我用手势表示希望和她合影拍照，她立刻展开双臂拥抱我。当时，海边风很大，很冷。被由木良惠的双臂拥抱，顿时感觉身体暖暖的，心里仿佛也热乎了。由木良惠张开双臂拥抱着我，让我看到了日本民众对和平的期望，看到了中日两国人民和平友好的未来。

12月7日下午，当我们到达大阪时，翻译墨面、森一女、西端顺子、樅山幸子已在车站等候。森一女见到我就赶紧帮我拿行李，让我感觉好温暖，犹如自己的姐妹。每个人的热情和笑脸，散发的都是友善。她们并且都能和你说上几句中文来关心和问候，让你忘记自己是在异国他乡。

第二天的证言集会，爱国华侨林伯耀先生也前来参会。林先生还特地叮嘱我说："你父亲老了，你一定要帮助他把这件事做下去。我希望你组织幸存者的后代把这件事做下去。"新华社东京分社记者王可佳、邓敏也参会采访。在日本大阪有幸遇到南京人邓敏，很是亲切。

12 月 9 日，日本名古屋证言集会的负责人平山良平亲自到车站迎接我们。在名古屋的证言集会上，我看到了不少年轻人的身影。这让我很兴奋，日本年轻一代主动去了解 1937 年的日本侵华战争，了解历史的真相，有助于他们正确地解读历史，开创未来的中日友好关系。

日本大学生马场彩加在会后还主动要求和我合影。马场彩加告诉我，她在爱知县立大学学习的专业是中日关系，后又去上海华东师范大学读了硕士。她说："我从大学开始就对这段历史感兴趣，所以我就慢慢接触这些相关资料。毕业论文题目也是和南京大屠杀相关。那个时候就和樋口教授一起到中国旅行，到了中国，我才知道了日本单方面的对于战争的很多诠释是片面的。为此，我对这段历史有了更浓厚的兴趣，也选择了中国作为我的一个留学志愿。现在我又回到了日本，把在日本和中国收集的资料综合起来做研究。"历史的真相是掩盖不了的，掩盖只会激起更多的人去了解事情的真相。

12 月 11 日，在日本滨松的证言集会会场，日本民众小池善之拿出他自己从日本民间收集来的很多日军侵华时期，日本兵写给日本亲人的信件。日本民众用史料来证明日本当年的侵华罪证。在集会现场，我也看到了日本华人的身影，他们主动和我交流，表达出对战争的痛恨之情。

12 月 12 日，在日本东京的证言集会上，现场来了很多新闻媒体，因为第二天就是南京大屠杀死难者第五个国家公祭日。

新华社东京分社记者王可佳还对我和张连红教授分别进行了采访。人民日报社驻日本记者刘军国对我进行了专访。江苏电视台特派记者糜梦逸对我和张连红教授进行了采访。明治大学学生内藤翔太在江苏电视台记者的采访中说：“在日本出版的书里，很少有关于这段历史如此详细的叙述，今天听到南京大屠杀幸存者后代亲口的证言，让我更真实地了解了那段历史。”在采访日本民众时，有一位日本民众面对采访镜头，几次下跪致歉。

当我做完证言发言后回到座位上时，我发现左边过道旁的一位日本男士一直低着头，眼中带着泪水站在那里对我说：“对不起”。我对他的这一举动有种不知所措的感觉，我不知道他为何这样。因为他的年龄不符合当年日军入侵中国的年龄。他用双手递给我拆开的两张纸。纸上写的铅笔字让我知道了其中的原因：“以前我父亲是日本兵。他在中国东北五年，武汉一年，然后他当俘虏一年。对于父亲参加战争，用枪打中国人，给中国人带来巨大的痛苦，我表示深切的谢罪，真的对不起。因为父亲参加了战争，后来他精神失常了。1946 年 6 月，我父亲复员了，可是他没有正式工作，所以我生长于贫困家庭之中。我父亲没说过自己的战争体验，就去世了。为了不再发生战争，我积极参加各种活动维护和平。谢谢！ 2018 年 12 月 12 日。”我对他说：“说对不起的应该是你父亲，战争给加害方和受害方的人民所带来的都是灾难和苦难。我们只有牢记历史，不让历史重演。你不用太自责，让我们共同为和平而努力吧。”

此次的证言集会，让日本民众了解了当年侵华战争的真实历史，同时我也看到了日本民众对中日两国友好的热切愿望。